WAKARIYASUI HYOUGENNO GIJYUTU

新装版

「分かりやすい表現」の技術

意図を正しく伝えるための16のルール

藤沢晃治

FUJISAWA KOHJI

文響社

はじめに

私は自分の心と体の健康のためにこの本を書きました。短気な私は、世の中にあふれる「分かりにくい表現」で、怒り心頭に発することが多いのです。これでは体が持ちません。

機能豊富な新型電話機の取扱説明書、道路標識、パソコンのマニュアルなど、例をあげれば切りがありません。読者のみなさんも分かりにくい説明、表示などに腹を立てることが多いに違いありません。

以前、電話会社のＮＴＴからナンバー・ディスプレイに関する「おたずね」のはがきが届きました。その解釈にとまどった方も多いのではないでしょうか。

普通の人にはまったく耳慣れない「回線ごと非通知」か「通話ごと非通知」かを選んでほしい、という趣旨だったのです。しかし、ＮＴＴの意図は利用者には十分に伝わりませんでした。

その結果、実際にナンバー・ディスプレイのサービスが始まってみると、様々な混乱が起こり、ＮＴＴはその収拾に追われました。新聞に謝罪広告を出したり、事態収拾のために臨時の出費を強いられたわけです。

事前調査のおたずねのはがきが、もう少し「分かりやすい表現」であったら、ＮＴＴはそんなムダな出費をせずにすんだでしょう。

それにしても、世の中にはなぜこんなに「分かりにくい表現」が氾濫《はんらん》しているのでしょうか。

一つだけ思い当たるふしがあります。世界に誇る品質管理技術で成功した我が国は、物品の品質管理にはうるさい国です。しかし、情報伝達の技術、つまり**表現の品質管理には、これまで注意が払われたり、体系的手法が検討されることがなかった**のです。

もし、取扱説明書、カタログ、道路標識、広告、講演、放送など、すべての情報発信者が表現の品質管理技術を身につけたなら、私の胃袋が怒りでねじれる回数も減るのではと思います。

分かりにくい表現をする人は、ちょうど、自分の口元についたケチャップに気づかない人に似ています。周囲の人に笑われている理由が、自分自身では分からないのです。

そこで、自分の口元についたケチャップを見る鏡、つまり、表現の品質管理基準、あるいは「分かりやすい表現」の法則、ルール・ブックのようなものが欲しいと感じました。

もちろん、すでに、文章を書く人には「分かりやすい文章を書く技術」的なハウツー本があります。同様に、講演を行う人には、「分かりやすいプレゼンテーション」のためのハウツー本があります。つまり業界ジャンル別には「分かりやすい表現」のノウハウがそれなりに確立し、蓄積されています。

こうした、業界別に蓄積してきた「分かりやすい表現」の技術にも、そのジャンルを超えた普遍的共通項があるはずです。そうした共通項から「分かりやすい表現」の純粋結晶を抽出できれば、**表現の品質管理の重要なガイドライン（基準）になる**でしょう。

そこで、次のような構成で一冊に整理してみました。

第1章では、日常生活が、いかに「分かりにくい表現」に囲まれているかを確認します。

第2章では、「分かりやすい表現」とは、そもそもどういうものなのかを考えてみます。

第3章では、いろいろな事例から「分かりにくい表現」を生み出している犯人を追及します。そして、発見した犯人から、「分かりやすい表現」のルールを導きだします。

第4章では、第3章で導きだした各ルールを一ページごとにまとめました。さらに、実際の仕事に使いやすいように、各ルールのチェックポイントも添えました。

この本をきっかけに「分かりやすい表現」に対する議論、認識が高まり、誤解、迷い、困惑などによる社会のムダを追放する第一歩になれば、これ以上の喜びはありません。

藤沢　晃治

「分かりやすい表現」の技術　意図を正しく伝えるための16のルール　もくじ

はじめに　003

第1章　「分かりにくい表現」がいっぱい！　013

「分かりにくい表現」実例集／矢印が示す先は？――グループ分け不全症候群／完全なる案内板とは？――逆の解釈を許さない／何度読んでも「分からない」／なぜ我が国の説明書は「分かりにくい」のか？／早口・小声・小さな文字――「分かりにくい表現」の名士たち／「分かりにくい」合格発表／わが子が檻に入れられる？／CD－ROMの神経衰弱／条文は「分かりにくい」ほうが格調高い？／おもしろくないセミナーの無神経な日程表

第2章　「分かりやすい」とはどういうことか　037

「分かる」とはどういうことか／「分かった人」と「分からなかった人」の違い／脳

内整理棚のしくみ／「分かる」瞬間、何が起きているか／「分かりやすい」の原点は「分ける」にある／たとえ話が分かりやすい理由／「抽象化」が果たす役割とは？

第3章 「分かりにくい表現」の主犯たち …… 051

「分かりにくさ」の原因を追及する …… 052

犯人1 親切心の欠如 …… 053
改札口のとまどい／親切な一覧表になっているか／調理ずみの情報を提供する

犯人2 「受け手」のプロフィールの未定義 …… 060
特定の集団内だけで使われる特殊なことば／幼児なみの情報発信になっていないか／他人の視点に立つ／「フールプルーフ」のすすめ

犯人3 受け手の熱意の読み違い …… 068
反論広告のミステーク／熱意ある受け手ばかりではない

犯人4 大前提の説明もれ …… 073
入門編はどっち？／入門編が後にある！／分かりすぎて分からない／知れば知

るほど失われるものもある／自己評価と聞き手の評価は一致しない

犯人5 ガイドの欠如 084
テーマパークではなぜ全体地図が配られるか／よい構成がよいもくじを生む／受け手に現在地を知らせる工夫をする／見出しの効果／トピック・センテンスを活用する

犯人6 複数解釈ができてしまう 096
あいまいな表現はなぜあいまいか／他の解釈に気づくことはむずかしい／タイトル付けの失敗

犯人7 情報のサイズ違反 107
区切れば分かりやすくなる／情報処理にはサイズ制限がある／情報の速度制限を順守する

犯人8 欲張り 116
限られたスペースにどれだけ盛り込むか／欲張りはすべてを失う

犯人9 具体性に欠ける 121

郵便ポストと選挙の候補者の共通点／なぜ「抽象的」は分かりにくいのか

犯人10 重みづけの欠如 126
「重みづけ順位」一位はなにか／価値の高い情報をVIP待遇にする／メールの特等席はどこ？／差異率という指標／異なった部分を強調する

犯人11 共通項でくくらない 139
情報の構造を明らかにする／情報の因数分解

犯人12 相互関係を明示しない 145
対比関係を明らかにする／親子関係を明らかにする

犯人13 視覚特性の無視 153
「見分けやすさ」を追求する／「場合分け」は図解する

犯人14 自然な発想に逆らう 159
赤い蛇口はお湯が出る／受け手に合わせた自然発想／消える駐車場

犯人15 受信順序を明示しない 166
順番が明示されていない説明書／順路のないテーマパークになっていないか

犯人16 直訳
翻訳にありがちな「目的」と「手段」の取り違え／社会的な認識不足　170
ルール違反のオンパレード　174

第4章 「分かりやすい表現」のルールブック
チェックポイントつき　177

分かりやすく表現する義務がある　178
チェックポイントを活用する／チェックポイントで「分かった」改善点／チェックポイントで広がる世界／「分かりやすい表現」の達人への道

ルール❶ おもてなしの心を持て。　189
ルール❷ 「受け手」のプロフィールを設定せよ。　190
ルール❸ 「受け手」の熱意を見極めよ。　191
ルール❹ 大前提の説明を忘れるな。　192

ルール❺ まず全体地図を与え、その後、適宜、現在地を確認させよ。……193
ルール❻ 複数解釈を許すな。……194
ルール❼ 情報のサイズ制限を守れ。……195
ルール❽ 欲張るな。場合によっては詳細を捨てよ。……196
ルール❾ 具体的な情報を示せ。……197
ルール❿ 情報に優先順位をつけよ。……198
ルール⓫ 情報を共通項でくくれ。……199
ルール⓬ 項目の相互関係を明示せよ。……200
ルール⓭ 視覚特性（見やすさ）を重視せよ。……201
ルール⓮ 自然発想に逆らうな。……202
ルール⓯ 情報の受信順序を明示せよ。……203
ルール⓰ 翻訳はことばではなく意味を訳せ。……204
参考文献……205

第1章

「分かりにくい表現」がいっぱい！

「分かりにくい表現」実例集

まずこの章で、身の回りの「分かりにくい表現」をいくつか紹介します。詳しい原因追及、分析は第3章に譲りますが、とりあえずみなさんもそれぞれ思い当たる点を考えてみてください。

矢印が示す先は?――グループ分け不全症候群

私は東京近郊に暮らしています。金沢の叔父が我が家を訪ねてきたとき、さんざん苦情を言われました。東京駅でウロウロ迷ったというのです。

叔父は、中央線ホームに行きたかったのですが、地下通路にある案内(例1-1)を見ても、まっすぐ進めばよいのか、右に行けばよいのか分からず、右往左往したそうで

1-1　中央線へは直進か右へか?

✕ 違反例

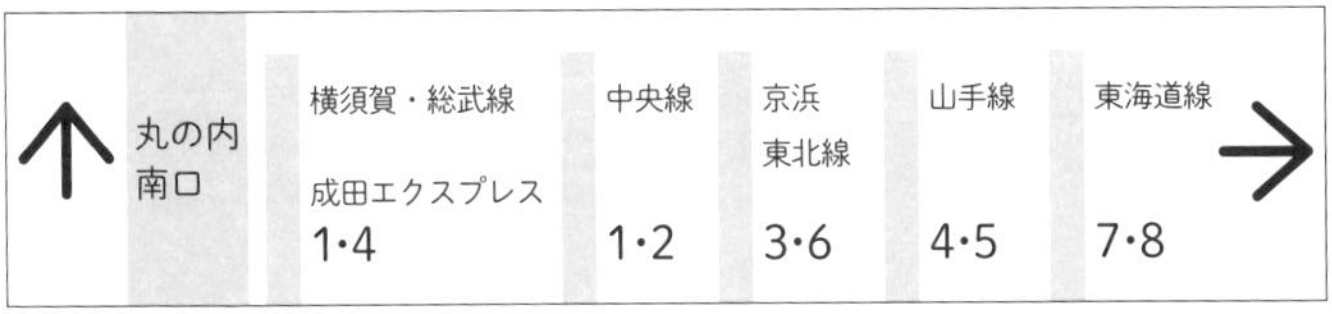

1-2　横浜へは直進か左折か?

✕ 違反例

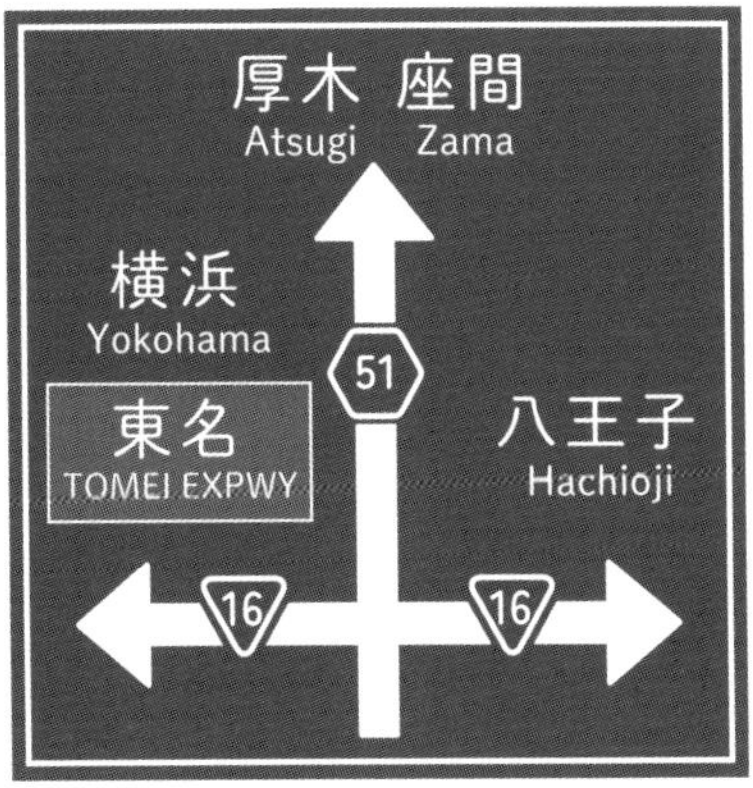

す。

この案内板製作者の意図は、確信はありませんが、左端の矢印は「丸の内南口」のためだけなのでしょう。一方、右端の矢印は、その他の路線の全ての方向を示しているのかもしれません。しかし、「中央線」は、どっちの矢印の方向なのかがあいまいです。

毎日の通勤で見慣れている人には気にならないかもしれません。しかし、叔父が言うように「直進方向か右方向かあいまいで迷ってしまう」のが、自然な発想です。

15ページ例1－2は「分かりにくい表現」の中でもとりわけおなじみのパターンでしょう。こんな道路標識に一瞬、迷ったドライバーは多いはずです。横浜へは五一号線をこのまま直進するのか、それとも左折して一六号線に入るのか。地元の人でもなければ瞬時に判断できません。そもそもこの標識が案内しようとしているのは「横浜へは一六号に決まってるじゃん」という土地勘のある人ではありません。そんなことは知らない人を案内するのが役目です。

例1－3は、東名高速の横浜町田インターチェンジを出て、料金所に向かう道路わきの案内板です。目的地によって右側車線か左側車線に寄りなさい、という指示です。これも地元の土地勘のある人なら、町田と八王子が同じ方向だと知っていますから問題は

1-3　町田へは右か左か?

× 違反例

1-4　ドラッグストアは右か左か?

× 違反例

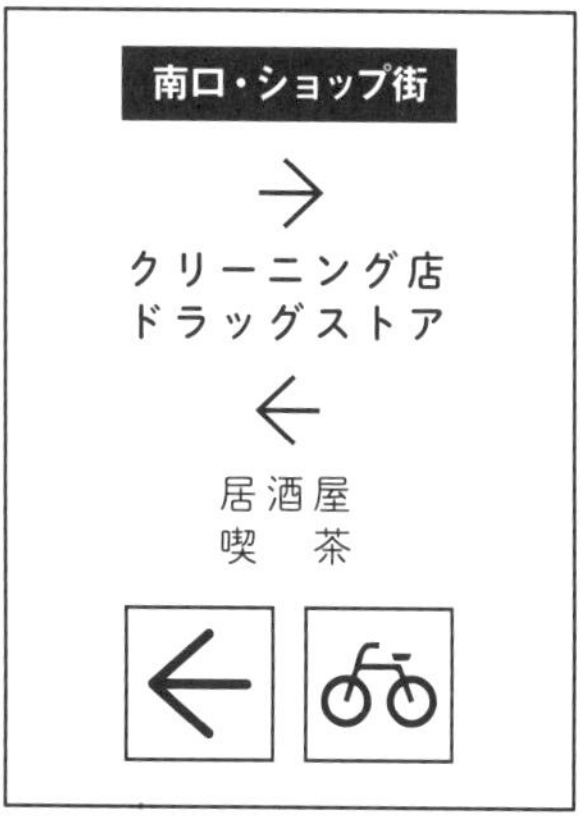

ないでしょう。

しかし、土地勘のない人が町田の友人を訪ねるというような状況ではどうでしょう。高速道路から降りた直後で、まだスピードも出ています。そんな高速で走りながら「町田、町田」と探しているドライバーです。案内板のまん中に書かれていてどっちつかずの「町田」を一瞬見ただけで、左に寄ればよいのか、右に寄ればよいのか瞬時に判断できるでしょうか。

道路標識は、一目で正しい情報が伝わるかどうかが、文字通り死活問題となります。高速走行中のドライバーをたとえ瞬間でも迷わせたら、その瞬間の心のスキで、事故を起こすかもしれません。**分かりにくい道路標識は、最悪の場合は人命をも奪う**のです。

したがって、表現の品質管理をもっとも厳重に要求されるのは、この道路標識でしょう。

17ページ例1-4は、私の家の最寄駅にある案内板です。ドラッグストアは、右に行きますか左に行きますか。

この例も、右と左のグループ分けがあいまいなため、分かりにくいのです。私はこれを**「グループ分け不全症候群」**と呼んでいます。

完全なる案内板とは？――逆の解釈を許さない

これらの道路標識や駅構内の案内板は、いずれも同じ問題を含んでいます。見る人によって解釈が分かれるのです。

アンケート調査してみたわけではないので私の独断ですが、15ページ例１―２の標識を見て横浜に行きたい場合、土地勘のない人の三割が直進、残り七割の人が左折と解釈するでしょう。また、17ページ例１―４の案内板の場合、八割程度の人は「クリーニング店もドラッグストアも右」と解釈するでしょう。しかし、二割程度の人は、最初「クリーニング店は右で、ドラッグストアは左」と解釈するでしょう。

たとえ実際に八割の人が正しく解釈できても、二割の人が逆に解釈する案内板など、表現の品質管理の観点から言えば不合格、不良品です。

テレビのリモコンで、音量ボリュームの調整ボタンの「大」方向と「小」方向の解釈が八割、二割に分かれるような代物が商品として成立するでしょうか。

この八割／二割の比率は私の独断で根拠のない数字です。しかし、実際にアンケート調査した結果が、七割／三割であろうと、九割／一割であろうと問題ではありません。

○ 改善例

案内板は情報を一〇〇パーセント正しく人に伝えるものでなければなりません。

これらを改善するのは簡単です。**逆の解釈を許さないようにすればよい**のです。

15ページ例1－2の道路標識では「横浜」を国道一六号線の矢印に接近させて書くことです。

また、17ページ例1－4の案内板では、矢印の所属がはっきりするように、枠で二つのグループに明確に分けてしまえば、あいまいさや不明瞭がなくなります。

例1－5は東京の新木場駅で見かけた案内板です。上下を分ける線が、グループ分け不全症候群を予防しています。

もっと視覚的に有効な手段を使ってもよ

1-6　NTTからのお知らせ

✕ 違反例

電話番号の非通知方法を次の２つのうちから、どちらか１つお選びください。

通話ごと非通知

相手の電話番号の前に184をつけてダイヤルすると、その通話に限り電話番号を通知しません。

回線ごと非通知

お申し出いただいた回線からの全ての通話について、電話番号を通知しません。ただし、相手の電話番号の前に186をつけてダイヤルすると、その通話に限り電話番号を通知します。

いでしょう。たとえば右矢印とそのグループを赤で、左矢印とそのグループを青で書くのです。

▼何度読んでも「分からない」

以前、電話会社のＮＴＴからある通知文が届きました（例１－６）。私は何度も読み返したのですが、なかなか意味が分かりませんでした。

この文の意味するところをすんなり理解できますか。

こんな例はＮＴＴに限りません。たとえば最近の高機能な家電製品の取扱説明書、あるいはパソコン等のマニュアルに悩まされた経験は誰にでもあるでしょう。「取扱説明書の取扱説明書」が欲しいくらいです。

半年ほど前に引っ越したのですが、なぜか家族全員が咳込むことが多くなりました。どうやら、最近話題のシックハウス・シンドロームで、ホルムアルデヒドなどの建築溶剤に反応していたようです。そこであわてて、ホルムアルデヒド除去能力が高いという空気清浄器を買いました。

この空気清浄器はどれくらいの頻度でフィルターを交換すればよいのか知りたくて、取扱説明書を開きました。ところが、いきなり詳細な説明がゴチャゴチャとあり（例1–7上）、何回読んでも、よく分かりません。意地になって、汗かきながらやっと理解できた内容を、もし私がまとめるとしたら、改善例（下）のようにするでしょう。

なぜ我が国の説明書は「分かりにくい」のか？

どうして、品質管理技術世界一の我が国で、こんなに分かりにくい取扱説明書がそのまま世に出るのでしょうか。

分かりにくい取扱説明書といえば、パソコン・マニュアルが超有名人です。「誰でも

1-7　空気清浄器の取扱説明書

✕ 違反例

洗えるフィルター

●洗えるフィルターは、脱臭能力と粗塵を捕集する役割をもっていますので、１年に１回程度洗うことによりダイキャストフィルターの寿命を延ばします。洗うことによって吸着した臭い粒子を放出させて吸着能力を再生することができます。
●この洗えるフィルターは、洗ってお使いいただけますので交換する必要はありません。万一、破損した場合は補修用部品としてお求めいただけます。

ダイキャスト・フィルター

●洗えるフィルターを洗うことによってダイキャストフィルターの寿命を約２倍に延長します。
●ダイキャストフィルターの集塵・脱臭能力の有効期限は、洗えるフィルターを１年に１回洗ってご使用の場合､使用開始後約４年です。たとえば､1日にたばこ７本分の量を吸ったとして約４年です。洗えるフィルターを洗わない場合の有効期限は約２年です。

＊活性炭強化脱臭層には、化学吸着（化学反応や化学中和）させる薬品を添着させていますので、洗わないでください。洗うと薬品が流出し脱臭性能が低下します。

○ 改善例

この空気清浄器には、２種類のフィルターが使用されています。
それぞれ、――「洗えるフィルター」（交換不要）
**　　　　　――「ダイキャスト・フィルター」（要交換）**
と呼びます。「洗えるフィルター」を１年に１回程度洗うことにより、「ダイキャスト・フィルター」の交換寿命を約２倍に延ばすことができます。

洗えるフィルター

●脱臭能力と粗塵を捕集する役割をもっています。
●洗えるので交換する必要はありません。万一、破損した場合は補修用部品としてお求めいただけます。

ダイキャスト・フィルター

●１日にたばこ７本分の量を吸ったとして集塵・脱臭能力の期限は、
約４年（「洗えるフィルター」を１年に１回洗った場合）
約２年（「洗えるフィルター」を洗わない場合）
●このフィルターは、洗わないでください。付着させてある薬品が流出します。

簡単に操作できます……」という甘いことばに乗せられて、高価なパソコンを買ってみたのはよいが、マニュアルにちりばめられた難解な用語に立ち往生してしまった方も多いでしょう。

家電製品並みに操作が標準化されているわけでもない専門家向けの機械を、いかにもズブの素人でも自在に使えるような印象を与える販売戦略にも問題があります。しかし、マニュアルにもまったく責任がないわけではありません。

我が国の取扱説明書、マニュアル類がお粗末なことには、文化的背景があるように思います。

先進工業国家として成長してきた我が国では、ハードウェアとしての製品自体に比べ、ソフトウェアとしての取扱説明書、マニュアルの類が、副次的な扱いしか受けてこなかったのです。日本人の価値観の中では、これらは、あくまで商品の付け足しにすぎませんでした。付け足しを作るのですから、やっつけ仕事程度の労力しか払われていなかったのが現実です。

またハードウェアとしての商品そのものに比べ、ソフトウェアとしてのマニュアルをいかに高品質に仕上げても、それほど注目も評価もされないので、マニュアル作成部門の志気の保ちようがありませんでした。

マニュアル執筆業が、テクニカル・ライターとして高い評価を受けている欧米とはずいぶん違います。**「情報を分かりやすく伝達する技術」に対する認識に、大きな開きがある**のです。

早口・小声・小さな文字――「分かりにくい表現」の名士たち

早口の講師も「分かりにくい表現」の名士の一人です。

私自身、講演をする機会が多いので、これは身につまされる話題です。私生活では、ついつい友人から注意されるほどの早口なのですが、講演などで話すときには、それなりにスピード・ダウンして話すように心がけています。ところが話に夢中になったりすると、いつのまにか早口になってしまうことがよくあります。

普通の会話なら、たとえ早口になってしまっても、聞き手が聞き返したり、確認することができます。あるいは「もっとゆっくり話して」などと注文できますから、被害がひろがりません。ところが講演などでは、話し手が一人でいい気分になって早口になってしまっても、誰もそれを止めてくれません。

また、小さな声で話す、小さな文字で書かれたプレゼンテーション用チャートを使う、話題の冒頭で、これから何を説明しようとしているかを話さないなど、分かりにくいプレゼンテーションの例は、枚挙にいとまがありません。

「分かりにくい」合格発表

ある芸能人が早稲田大学教育学部の推薦入試枠で合格し、テレビ、新聞、雑誌で大々的に報道されました。

例1‐8は、彼女の受験番号を含む、そのときの合格発表です。彼女の受験番号は42001だそうです。

ミーハーな私は、さっそくこの写真で42001を探そうとしました。ところが不思議なことに、なかなかみつからないのです。上から下へ順に目線を走らせるのですが、どうも番号が大きく飛んでいるようです。

そのうちようやく、数字は上から下に並んでいるのではなく、左から右に並んでいる

1-8　42001はどこ?

違反例

自己推薦入試第一次選考
合格者受験番号表

自己推薦入試第一次選考合格者受験番号表

40001	40002	40003	40005	40006	40011
40014	40016	40025	40029	40034	40035
40043	40512	40508	40502	40518	40519
40521	40531	40533	40522	40530	40534
40539	40540	41002	41018	41020	41021
41026	42001	42002	42003	42011	42014
42015	42016	42017	42018	43001	43003
43005	43006	43007	43014	43017	43020
43024	44004	44007	44009	44010	44012
44016	44017	44019	45001	45002	45003
45007	45010	45015	45017	45019	45022
45024	45025	45027	45028	45029	45030
45031	45033	45034	45036	45039	45041
45045	45046	45047	45055	45056	45057
46002	46003	46501	46502	47001	以下余白。

ことに気づきました。

それにしても探しにくいこと！　なんで、こんな自然な目線の流れに逆らう並べ方にしたのでしょうか。合格発表を見に来た受験生にハラハラドキドキしてもらうための作戦でしょうか。それとも、予想される報道陣の大混乱に対するシャレでしょうか。

わが子が檻に入れられる？

これは、友人から聞いた話です。次男の中学校入学式に出席したときの話です。体育館での入学式が終了し、新入生と上級生が退場した後、ガイド役の先生が、体育館に残っている父母たちに、

「生徒たちは、この後、すぐオリがありますから、保護者のみなさんは、終了するまでこの場でお待ちください」

と言ったそうです。これを聞いた友人は、一瞬、わが子たちが「檻」に入れられるのかと思ったそうです。このオリとは、いったい何だったのでしょうか。どうやらオリエンテーションの略語だったようです。

つまり、体育館での入学式終了の後、新入生たちは、新しく始まる中学生活に対する簡単な説明（オリエンテーション）を担任の教師から受ける、ということでした。

友人の推測では、たぶんその学校では、普段、オリエンテーションのことを短く「オリ」と言っているのでしょう。

この先生は自分たちが普段使っている「オリ」という略語が、**自分たちの学校の中だけで通用する特殊なことばであることを忘れている**のです。

CD–ROMの神経衰弱

例1–9は、パソコン・ソフトのCD–ROMです。メーカー名と製品名は変えてあ

1-9　CD-ROMの番号は？

✕ 違反例

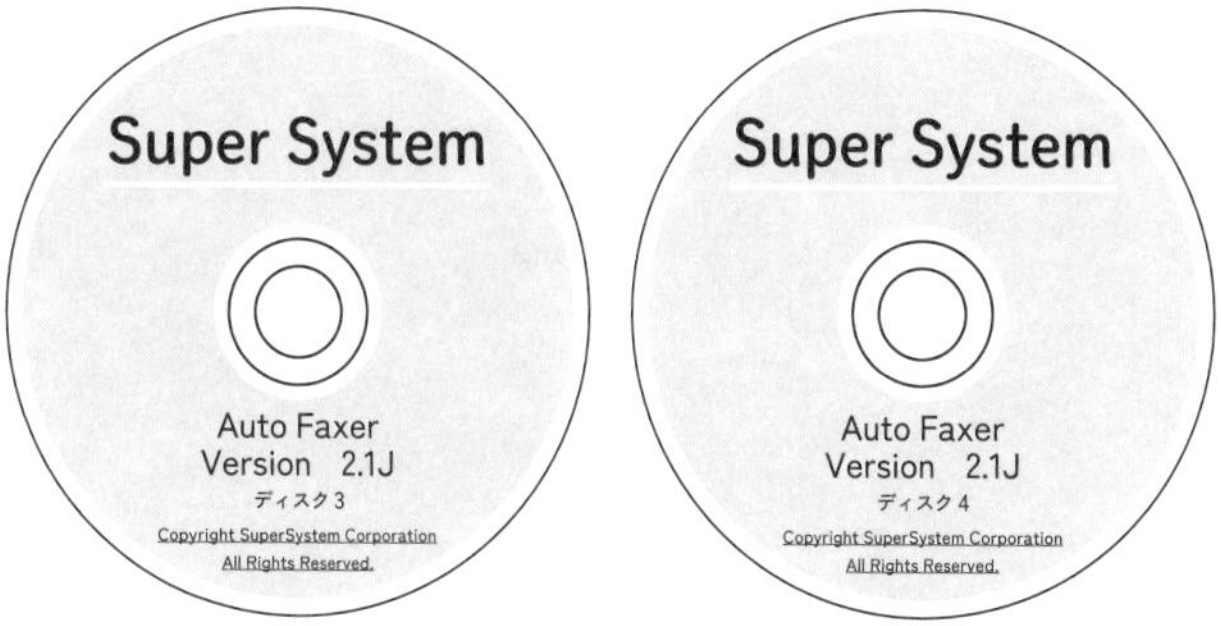

ります。

このソフトを自分のパソコンに入れるための、セットアップ（またはインストール）と呼ばれる作業の途中、画面上で「X枚目のCD-ROMをセットしてください」という類の指示が表示されました。

しかし、番号が小さく書いてあり、CD-ROMが整理されずバラバラになっていたので大変でした。これをどう改善するかは、第3章（126ページ）で考えましょう。

条文は「分かりにくい」ほうが格調高い？

驚いたことに、私は今年、自宅マンションの管理組合の理事長になってしまいました。そこで責任上、まず、普段は読んだこともないマンションの管理規約を開いてみました。それが実に「分かりにくい」のです。一例が例1－10（上）です。

編集部から、この本のために「もっと、もっと実例を！」と責め立てられていた私は、内心大喜びで、さっそく紹介させてもらいました。

よく法律の条文が悪文、すなわち「分かりにくい表現」の典型にあげられていますが、この種の文は、分かりにくいほうが格調高そうでよいと考える人がいるのでしょうか。どうして改善例（下）のように書けないのか不思議です。

32ページ例1－11（上）は、私が理事長に就任するまえに見かけた貼り紙です。「ご協力」の意味が、正直、分かりませんでした。ひょっとして「点検のための騒音を我慢すること」かな、などと考えたものです。

今後は業者の方に、改善例（下）のように、「ご協力」のもう少し具体的な内容を書いてもらおうと、理事長として思います。

1-10　マンション管理規約条文

✕ 違反例

第 43 条（組合員の総会招集権）

　組合員が組合員総数の 5 分の 1 以上および第 45 条第 1 項に定める議決権総数の 5 分の 1 以上にあたる組合員の同意を得て、会議の目的を示して総会の招集を請求した場合において、理事長は、2 週間以内にその請求があった日から 4 週間以内の日を会日とする臨時総会の招集の通知を発しなければならない。

○ 改善例

第 43 条（組合員の総会招集権）

1. 組合員は、組合員総数および第 45 条第 1 項に定める議決権総数の、いずれも 5 分の 1 以上の同意を得て、会議の目的を示して総会の招集を請求できる。

2. この場合、理事長は 2 週間以内に臨時総会の招集を通知しなければならない。

3. その総会の開催日は、その請求があった日から 4 週間以内でなければならない。

1-11　管理組合からのお知らせ

✕ 違反例

11月21日(木)にエレベーター
の点検を行いますので、
ご協力をお願い致します。

○ 改善例

11 月 21 日（木）に通路北側・
南側のエレベーターの点検を
下記の時間帯で行います。

北側：午前 9 時～ 12 時
南側：午後 1 時～ 4 時

恐縮ですが、この時間帯は、
階段を御利用くださるようお
願いいたします。

おもしろくないセミナーの無神経な日程表

ある時、自分の専門外のセミナーに嫌々参加させられたことがあります。通関業務の自動化ソフトを簡素化する仕事を請け負っていました。通関業務そのものをあまり知らなかったために、ひととおりの勉強をさせられたのです。とはいえ内容に興味が持てず、必要と分かっていても、一日目はどうしても途中で眠くなってしまいました。

明日の内容を知りたくて見たのが35ページ例1－12（上）の日程表でした。

ただでさえ嫌気がさしていたセミナーでしたが、この分かりにくい日程表を見ただけで、その作成者であるセミナー講師の無神経さがうかがい知れ、ますますセミナーを聞き続けるのが嫌になったのを覚えています。

どうしてこんな分かりにくいものを配布するのでしょうか。改善例（下）のように、ほんのちょっとした工夫で分かりやすくなるのに。

さて、以上、身近に見られた「分かりにくい表現」の実例をいくつもあげてみました。読者のみなさんにも思い当たる例があったに違いありません。

これらはなぜ「分かりにくい」のでしょうか。後の章でその犯人をつきとめていきます。ただしその前に、そもそも「分かる」とはどういうことかも、考えておきたいと思います。

1-12　セミナーのプログラム

✕ 違反例

6月3日プログラム
Ⅰ．国際的関税制度
1．WTO 諸協定の概要
2．関税関連法令の概要
Ⅱ．輸出通関手続きの基本
1．輸出通関のチェックポイント
2．再輸出と戻し税
3．仕向国輸出制度

6月4日プログラム
Ⅲ．輸入通関制度
1．商品分類
2．関税率
3．特恵関税制度
Ⅳ．減免税制度
1．減免税制度概要
2．再輸入減免税制度

○ 改善例

6月3日（1日目）プログラム

Ⅰ．国際的関税制度
1. WTO 諸協定の概要
2. 関税関連法令の概要

Ⅱ．輸出通関手続きの基本
1. 輸出通関のチェックポイント
2. 再輸出と戻し税
3. 仕向国輸出制度

6月4日（2日目）プログラム

Ⅲ．輸入通関制度
1. 商品分類
2. 関税率
3. 特恵関税制度

Ⅳ．減免税制度
1. 減免税制度概要
2. 再輸入減免税制度

第2章

「分かりやすい」とはどういうことか

「分かる」とはどういうことか

「分かりやすい」とは、「分かるという状態になりやすい」という意味です。

そこで「分かりやすい」を考える前に、まずこの章では、「分かる」ということがどういうことなのかを先に考えてみたいと思います。

「分かる」という状態は、「分かっている状態」と言い換えることができます。この「分かっている状態」と「分かっていない状態」との違いを考えてみれば、ヒントがつかめそうです。

私は学生時代、コンピューターによる人工知能を専攻していました。その研究の一環として、チェスを指すプログラムを作った経験があります。

チェスを指すプログラムなど今ではありふれたものになり、スマホ用の無料アプリが数多く提供されているほどです。しかし当時の日本では、まだ大型コンピューターでプログラムするほど大がかりなものでした。私が卒業論文として行ったコンピューターどうしのチェス対局も日本初だったのです。

プログラムを作る過程で苦労したのは、何よりも「人間がどのように考えているのか」を探りあて、それをプログラムの中にモデル化していくことでした。中でも最初の苦労が、コンピューターにチェスの局面を認識、理解させることでした。

このプログラミングの過程で気づいたことが一つありました。それは、コンピューターにとっては「分かりやすい」局面と「分かりにくい」局面があるらしいということでした。このとき以来、人間がものを認識するメカニズムと世の中の「分かりやすい・分かりにくい」の関係に、漠然と興味を持つようになったのです。

「認識」ということばは、心理学でいう「認知」ということばに置き換えてもよいでしょう。

そこで認知科学あるいは認知心理学の研究成果の助けも借りて（巻末参考文献参照）、「分かる」とは何かを追求していきましょう。

「分かった人」と「分からなかった人」の違い

AさんとBさんが『なぜ、米国経済が復活したか』と題する講演会に参加しました。講演終了後、Aさんは、なぜ米国経済が復活したかが「分かっている」人になりました。ところが残念ながらBさんは「分かっていない」人のままでした。

「なぜ、米国経済が……」は、一種の情報です。二人ともその同じ情報が耳からインプットされ、脳に届いたはずです。

Aさんはその情報を他の人にも話す、すなわち情報発信することができるでしょう。しかしBさんは、一度は脳に届いたはずのその情報を取り出して発信できないのです。まるで、Bさんの脳の中には、その情報が存在していないようです。

でも、そんなはずはありません。間違いなく「なぜ、米国経済が……」の情報はBさんの脳にも届いていて、Bさんの脳内に存在しているのです。

では、忘れてしまっただけなのでしょうか。いや違います。Bさんは、講演会終了直後から分かっていなかったからです。一度は分かって、あとで忘れたわけではありません。

改めてAさんとBさんの違いを考えてみましょう。実は二人の違い、分かっている状態と分かっていない状態との違いは、**「情報の定着」**にあります。

「定着」とはなんでしょうか。それは、情報が、あとで取り出すことが可能な「脳内整理棚」にしまわれていることです。言い換えると**「分かっている」とは、情報が、あとで取り出すことが可能な脳内整理棚に保管されていること**です。

書留郵便が届いた時のことを考えてみましょう。印鑑が整理されず、ただ家の中にあるだけでは、すぐに持ってきて受領印を押すことはできません。印鑑をすぐに取り出せるのは、印鑑が整理されて、決まった場所にしまってある場合に限られるわけです。

結局「分かっている状態」と「分かっていない状態」の違いは、情報が脳内の整理棚に保管されているか否かの違いです。もっと、やさしい表現で言えば「分かる」とは「情報が脳内で整理されている」ということです。

脳内整理棚のしくみ

人間の記憶には、大きく分けて一次記憶と二次記憶があります。一次記憶は短期記憶あるいは一時的記憶とも呼ばれます。また、二次記憶は長期記憶とも呼ばれます。

一次記憶には、さらに作業記憶という別名があります。その名が示す通り、外界から得られた情報を整理（作業）する過程で、一時的に作業域として使われる場所です。保持することができる情報の容量も小さく、保持し続けることができる時間も短いのが特徴です。

認知心理学者ミラーの実験によれば、一次記憶の容量は文字数にすれば七文字前後で、一回に覚えられる電話番号の桁数程度だということです。

一方、二次記憶にも、さらに意味記憶という別名があります。こちらは、整理された情報が格納される記憶域です。一次記憶とは違い、保持できる情報の容量も大きく、保持し続けられる時間もずっと長いのです。たとえば「猫」ということばや文字を一生覚えていられるのは、それが二次記憶域に格納されているからです。

前に述べた**「脳内整理棚」とは、実はこの二次記憶域のことを言います。**

さて、Aさん、Bさんのことを思い出してください。結論から先に言えば、講演内容を「分かった」Aさんは、講演内容の情報が一次記憶域を通過した後、二次記憶域に格納された状態なのです。一方「分からなかった」Bさんの場合は、講演内容の情報が一

2-1　脳内整理棚

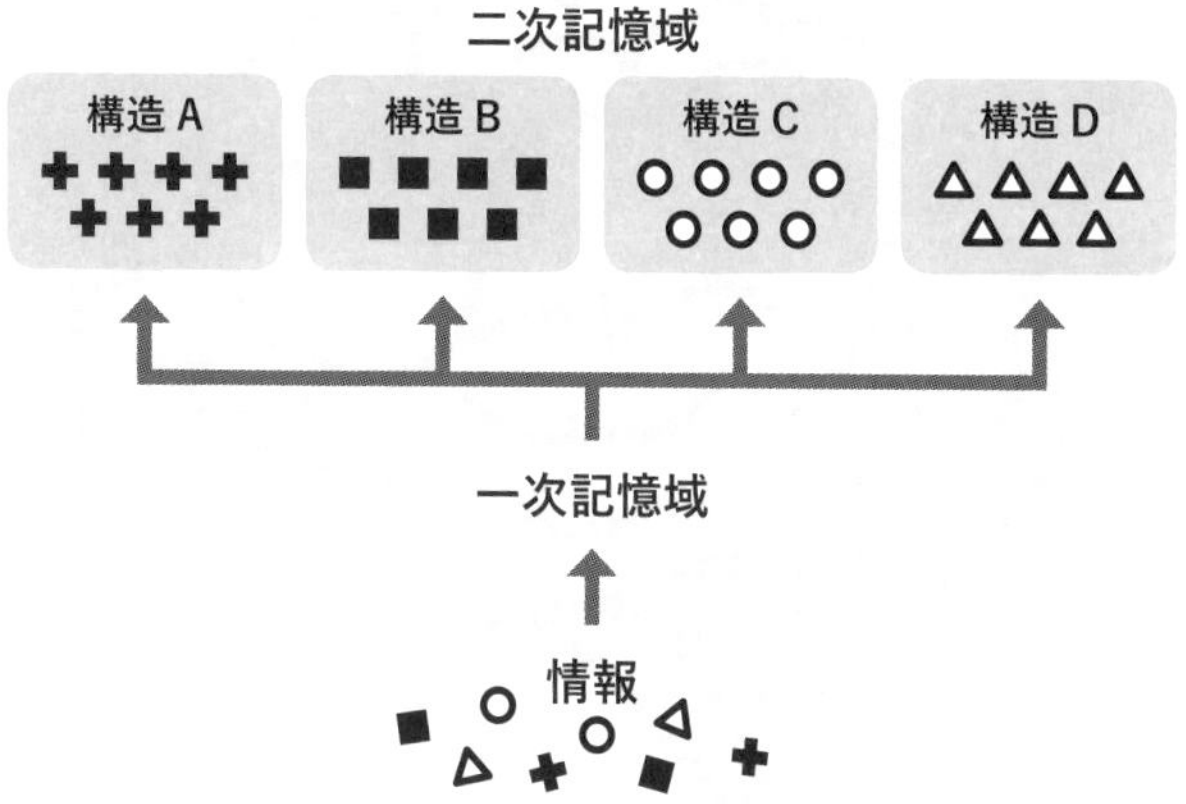

次記憶域を通過しただけで、二次記憶域には入れられなかった、ということになります。

二次記憶域つまり脳内整理棚は、単なる入れ物ではなく、情報をその構造タイプによってグループ分けするための仕分け棚になっています。整理棚には、いくつもの区画があり、それぞれ「構造Ａ」「構造Ｂ」「構造Ｃ」……などと各区画ごとに表示されています。

これは、すべての情報は特有の構造を持っている、という考えに基づいています。

脳に入って来た新しい情報は、その情報が持つ構造のタイプによって、分類され、その構造名のついた区画に入れられます。

たとえば新しい情報の構造が「C」なら、その情報は「構造C」というラベルのついた区画に入れられます。当然「構造C」というラベルの区画には、同じC構造を持つ情報がいくつも集められているわけです（43ページ図2－1）。

整理棚の「整理」とは、しばしば「グループ分けする」ことと同じ意味ですから、当然といえば当然かもしれません。

「分かる」とは、新しい情報の「構造」が認知され、整理棚（二次記憶域）の一つの区画に入れられることです。

「分かる」瞬間、何が起きているか

教育心理学者オーズベルによれば、認知しなければならない情報を与えられると、人は、すでに自分が持っている認知構造に関連づけて（意味を持たせて）認知します。

言い換えると、「分かる」とは、新しい情報の構造に関して、自分がすでに知っている情報の構造と照らし合わせ、それと一致するものを認識することです。情報の構造を把握し、「その情報構造に対応する整理棚内の区画に格納できたこと」を意味します。

　さて、この脳内整理棚である二次記憶が別名「意味記憶」と呼ばれていたことを思いだしてください。実は、このことには、見逃してはならない重要な意味があります。先ほど、脳内整理棚である二次記憶域は、「構造A」「構造B」「構造C」という区画に分かれていると説明しました。しかし、これを「意味A」「意味B」「意味C」という区画に分かれていると考えても差し支えありません。だからこそ「意味記憶」という別名を持つのです。

　つまり一次記憶に入ってきた情報は、分析（照合、抽象化など）され、その構造、言い換えれば意味が決定されます。そして、整理棚内の「同じ意味を持つ区画」に入れられます。**この瞬間が「分かった！」なのです。**つまり、「意味が分かった！」と感じる瞬間です。

　「それって、どういう意味ですか？」と言っている人は、その情報を整理棚のどの区画にしまってよいかが決定できず「分からない」状態にあるのです。一方「ああ、そういう意味ですか！」と言う人は、その瞬間に、どの区画かが決定され「分かった！」となったのです。

▼「分かりやすい」の原点は「分ける」にある

どうやら「分かる、とは何か」の答えが見えてきました。

今までわかっていることは、次の二点です。

❶「分かりやすい」とは「分かっている」状態に移行しやすいという意味である。

❷「分かっている」状態とは「情報が脳内整理棚の一区画に保管されている」状態である。

「分かりやすい」とは、「表現」の質を表す形容詞です。

したがって「分かりやすい」の主語は「表現」です。つまり分かりやすい表現とは、**「受け手の脳内整理棚に保管しやすいように情報を送ること」**に、つきます。

送られてくる情報の構造（意味）があらかじめはっきりしていれば、整理棚にしまいやすいことになります（図2−2）。これが「分かりやすい表現」です。

逆に「分かりにくい表現」は、情報が混沌としていて、ひとめ見ただけではその構造が見極めにくいので、整理棚に収めにくいのです。「分かりやすい、とは、すでに持っている情報構造と照合しやすいこと」と覚えてもよいでしょう。

2-2　あらかじめ整理された情報は格納しやすい

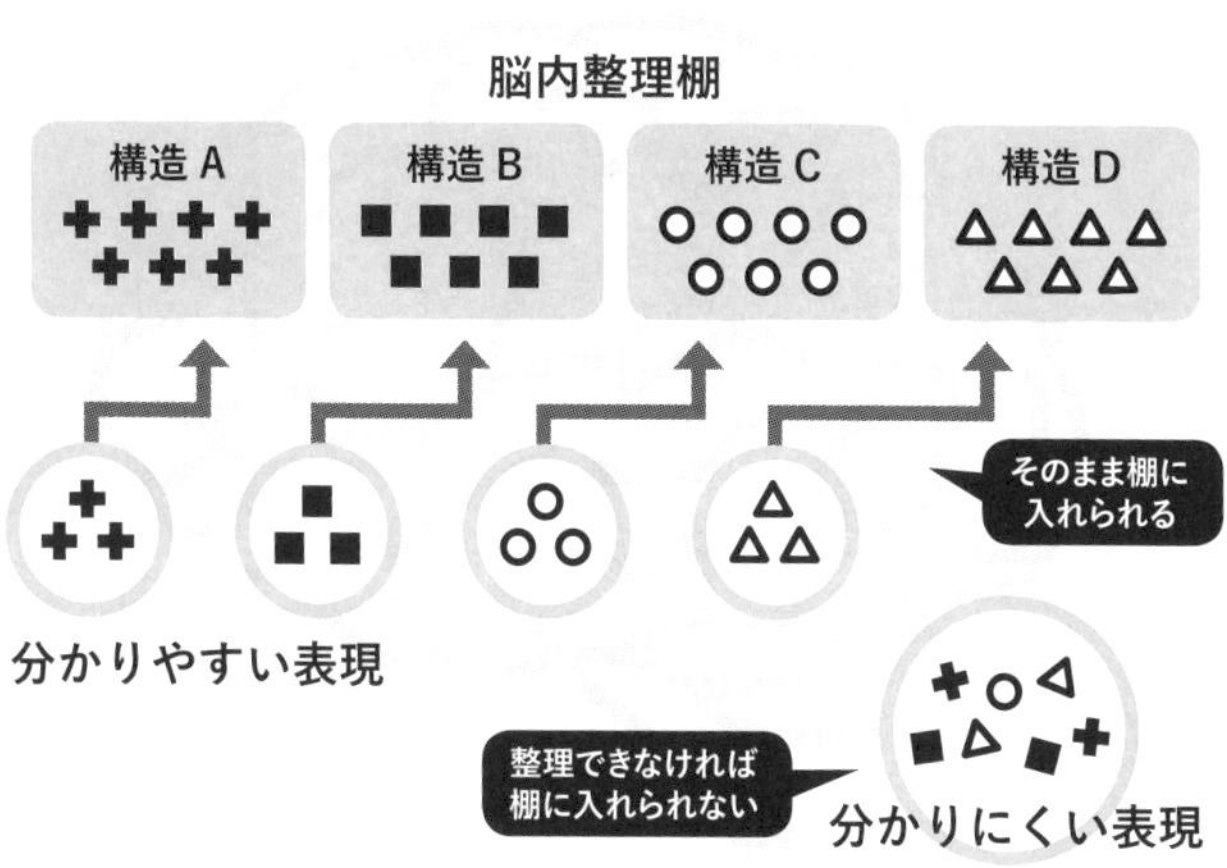

情報は、事前に整理されていれば、その構造（意味）を判定することが容易になります。

そして、この整理とは、たいてい「分ける」ことから始まります。つまり**「分ける」は「分かりやすい」の原点**なのです。

▼たとえ話が分かりやすい理由

「分かりやすい、とは、すでに持っている情報構造と照合しやすいこと」を裏づける有力な例があります。それは「たとえ話」です。

プロ野球の横浜ベイスターズが日本一になったときのことです。大活躍した抑えの佐々木投手について、権藤監督があるテレビ番組のインタビューでこんな質問を受けました。

「なぜ、佐々木投手を先発に、とはお考えにならないのですか？」

権藤監督はこう答えました。

「僕は先発よりも抑えを重視するんです。料理の途中で、刻んだ玉ねぎやにんじんをひっくり返されても大したことないじゃないですか。それよりも、あと少しでできあがる、皿に盛った料理をひっくり返されるほうがいやじゃないですか」

上手なたとえ話は、情報の構造（意味）がすぐに理解でき、ただちに脳内整理棚の「どの区画にしまうべきか」が確定できます。だから「分かりやすい」のです。

「抽象化」が果たす役割とは？

ここまでで、「分かる」や「分かりやすい」とはどういうことかの説明はひととおりすんだのですが、認知科学的な解釈も見ておきましょう。

認知心理学では、「分かる」とは、一次記憶域の情報が「解釈」「一般化」「抽象化」

という過程を経て、二次記憶域に移動するとしています。

ちなみに分かったようで、分からない「抽象化」ということばだけは説明しておきましょう。

たとえば、まったく異なる筆跡の単語を同じ文字だと認知できるのは、パターン認識だけではなく抽象化のおかげでもあります。いろいろな筆跡、いろいろな書体（フォント）の文字を理解できるのは、抽象化という脳の高度な作業のおかげなのです。

パターン認識とは、一度記憶されている図柄などのパターンと、目から入って来る新しいパターンとを照合して、その一致を判断できる能力です。容疑者の指紋と犯行現場にあった指紋をスクリーン上に投影して、完全に重なったら、その二つの指紋は同一と判定されるわけです。パターン認識とは、このような概念です。

ところが、私たちが文字を識別するときに、このようなパターン認識だけを使っているわけではありません。もしもパターン認識だけに頼ると、たとえば「猫」という漢字を教科書で覚えたら、それとまったく同じ書体の「猫」でないと認識することができないことになります。ましてや、手書きのクネクネした「猫」という字を認識することはできないはずです。

しかし、現実には、様々な人が様々な筆跡で書いた「猫」という字を同じ文字と認識できます。スクリーン上に重ねて投影しても、まったく一致しない二つの「猫」の字を同じ字と判別できるのは、抽象化のおかげなのです。

「大同小異」といいますが、**抽象化とは、多くの項目の中から小異を切り捨て、大同である共通部分に着目することにより、一つのグループとして認識すること**です。ゴリラと猫と鯨は、お互いにまったく似ていないようですが、共通要素でくくれば「哺乳類」という一つのグループとして理解できます。これが抽象化です。ゴリラと猫と鯨と蚊であれば「生き物」として抽象化することができます。

同様に、「分かった」と思うのは、抽象化によって一つの共通グループを形成したり、またはすでに形成済みのグループに新しい事柄を追加したときのことです。つまり整理棚の一区画に格納し終え、安心できたときです。私たちが「腑（整理棚）に落ちた」と感じる瞬間です。そのとき「分かった」「納得した」と感じるのです。

第3章

「分かりにくい表現」の主犯たち

「分かりにくさ」の原因を追及する

第1章では、街にあふれる「分かりにくい表現」の実例をいくつも紹介しました。そして第2章では、「分かる」とはどういうことかを分析しました。

次にこの章では、もう少し突っこんで、そうした「分かりにくい表現」を一つ一つ分析し、分かりにくさの原因、真犯人を追及していきます。

分かりにくい原因は、その媒体の種類にかかわらず「根っこは皆同じ」というのが私の持論です。そこで、分かりにくさの犯人、すなわち同じ根っこを見つけ、そこから「分かりやすい表現」を実現するための一般的なルールを作っていきましょう。

なお、一つの「分かりにくい表現」には複数の犯人がいる場合もよくあります。したがって、同じ事例が異なる項目で繰り返し紹介される場合もあります。あらかじめご容赦ください。

犯人01 親切心の欠如

改札口のとまどい

東京のＪＲの駅で見かけた光景です。ある駅の自動改札機のところで、地方から上京されたと思われる老婦人が駅職員に叱られていました。

「なんでも入れちゃ、困るよ〜」と職員が言っています。どうやら、その老婦人が自動改札機に入れてはいけない切符もいっしょに入れたため、機械が異常作動したらしいのです。

老婦人は「そんなこと言われたって、初めてだもの、分からないわよ」とぼやいていました。

そもそも、改札口に差込口があれば、どんな切符でも入れてしまうのが人情でしょう。ましてや日本中から人が集まる首都圏の駅に設置する以上、行き届いた配慮がなくてはなりません。

その対策が不十分なことを棚に上げて、間違ってしまう人を責めるのは、親切心が足りないと言わざるをえません。

親切心あるいはサービス精神は、テクニックの問題ではなく、心構えの問題です。「分かりやすい表現」のテクニックを早く手に入れたい読者にとっては、心構えや精神論などは読み飛ばしたいところでしょう。しかし親切心は、すべてのテクニックの土台です。そこで、どうしても「親切心の欠如」という犯人を最初に紹介する必要があったのです。

この「親切心の欠如」という犯人はいたるところに出没しています。

クイズのようですが、例3-1の違反例と改善例とは、どこが違うのでしょう？

改善例では、「例-8」が何ページにあるかを明示しています。見るべきものがその見開きページにないのなら、必ずその所在ページを示す。それが読者に対する親切です。

親切な一覧表になっているか

私は秋葉原の電気街をうろつくのが好きで、雑誌などで新製品情報をみかけるとすぐに足を運んでしまいます。ところが評判になっている新製品などの場合、まだ発売前で、

3-1　例-8はどこにある?

✕ 違反例

第３章の例–８で見たように、・・

○ 改善例

第３章の例–８（p. 45）で見たように、・・・

しかもメーカー発行のカタログもお店にないことがよくあります。

こんなとき、お客様からの質問攻めを解消するためでしょうか、よく、次ページの例3－2（違反例）のような貼り紙を見かけます。これが、実に分かりにくいのです。

ところが、親切でセンスのよいお店などでは、製品の価格と機能の関係を知りたいお客様に対し、改善例のようなビラを貼っています。どちらが分かりやすいかは明らかですね。

58ページ例3－3は表を見やすくするための手法です。住宅売買のための情報誌などでもおなじみだと思いますが、雑誌に限らず広く採用されています。

これらの工夫が、情報の受け手に対する親切で、こうした配慮がどれだけできているかが、分かりやすいかどうかの、決め手の一つになります。

調理ずみの情報を提供する

前の章で「分かる」とは、情報が脳内整理棚に格納されることだとお話ししました。情報の受け手は、受けた情報を自分で整理して、整理棚にしまいます。「分かる」ため

3-2　違いが分かる表示

✕ 違反例

電話帳機能と親子間通話機能は、すべての機種SX-05、SX-50、SX-550に装備されています。SX-50とSX-550はさらにナンバー・ディスプレイ機能に対応しています。最高級モデルのSX-550には、盗聴がほぼ不可能といわれているデジタル子機、また電話番号を２つ使えるダイヤルイン機能にも対応しています。

○ 改善例

	SX-05	SX-50	SX-550
電話帳機能	○	○	○
親子間通話	○	○	○
ナンバー・ディスプレイ対応	×	○	○
ダイヤルイン対応	×	×	○

3-3 見分けやすい表

✕ 違反例

社名	事業内容	募集職種	年齢	TOEIC
講和研究所	国際税務	コンサルタント	～40	800～
ワンハンド	通信ソフト	SE	～35	600～
(株) ヤマダ	精密機器	CAD オペレーター	～30	550～
田中工業	電気通信	SE 管理職	～45	700～
ZAP JAPAN	半導体	デザイナー	～35	600～
KBF	財務管理	一般事務	～30	600～
日本カムローム	医療機器	営業	～35	800～
(株) 情報開発	ソフト開発	プログラマー	～30	400～
I & C Japan	各種センサー	営業	～40	600～
富士産業	CAD 開発	SE	～35	600～

○ 改善例

社名	**事業内容**	**募集職種**	**年齢**	**TOEIC**
講和研究所	国際税務	コンサルタント	～**40**	**800**～
ワンハンド	通信ソフト	SE	～**35**	**600**～
(株) ヤマダ	精密機器	CAD オペレーター	～**30**	**550**～
田中工業	電気通信	SE 管理職	～**45**	**700**～
ZAP JAPAN	半導体	デザイナー	～**35**	**600**～
KBF	財務管理	一般事務	～**30**	**600**～
日本カムローム	医療機器	営業	～**35**	**800**～
(株) 情報開発	ソフト開発	プログラマー	～**30**	**400**～
I & C Japan	各種センサー	営業	～**40**	**600**～
富士産業	CAD 開発	SE	～**35**	**600**～

には、この情報整理という作業をしなければなりません。

問題は誰がこの作業を負担するかです。「送り手」対「受け手」の比率を八対二にするのか、五対五にするのか、あるいは三対七にするのかによって、その表現に「親切」と「不親切」すなわち「分かりやすい表現」と「分かりにくい表現」の差が出てくるのです。

あらかじめある程度整理されて送られてくる情報は、分類して整理棚に格納するスピードも速くなります。それだけ「分かりやすい」ということです。

親切な情報発信とは、受け手がしなければならない情報整理という作業を、できるだけ送り手が代行することです。その分だけ、受け手の作業量が減って楽になるのです。この気配りこそ「おもてなしの心」「サービス精神」「親切心」なのです。

情報をカレー料理にたとえてみましょう。情報の受け手はカレーを食べたい人です。

親切心のある情報の送り手なら、調理して皿に盛りつけたカレーを差し出して「どうぞ、お召し上がりください」と言います。一方、不親切な情報の送り手は、じゃがいも、肉、にんじん、カレー・ルーなどをテーブルの上に放りなげ「食いたきゃ、自分で料理して食え。材料は全部そろってるだろ」と言います。

「分かりやすい表現」と「分かりにくい表現」の違いは、この差なのです。
そこでまず、次のようなルールが作れます。

ルール❶

おもてなしの心を持て。

犯人 02

「受け手」のプロフィールの未定義

特定の集団内だけで使われる特殊なことば

あるスーパーの大型店で収納ボックスを買った時のことです。どこに売場があるか分からず、居合わせた店員さんにたずねました。

「六階のカザツか、三階の家具売場にいらしてください」という答えでした。

その「カザツ」の意味が分からず「えっ？」と聞き返しても、ゆっくり丁寧ではありますが、「六階のカザツか、三階の家具売場にいらしてください」と繰り返します。

今から考えれば「カザツって、何ですか？」と聞き返せばよかったのでしょうが、店員さんがあまりに忙しそうだったので、それ以上たずねるのを遠慮し、「六階の売場は、商品がガサツに並べられているんだろうか……」などと考えつつ、ともかく六階に向かいました。

六階に来て分かりました。カザツとは、どうやら「家庭用雑貨」の略語だったようです。

この店員さんは、**特定の集団だけで使われている特殊な用語を、その集団以外の人に使ってしまった**のです。第1章で紹介した「オリ」の先生もこの失敗でした。

先生といえば、私も、小学校一年生の息子の授業参観でこんな体験をしました。

授業の途中で、先生が**「分かった人は挙手してください」**と言いました。ところが息子をふくむ大半の児童は、その意味が分からなかったのです。

「手をあげてください」なら一年生にも分かったでしょう。その先生は、前年度まで六年生の担任で、つい用語を一年生のレベルに切り換えそこなったのです。

幼児なみの情報発信になっていないか

自分が使おうとすることばが、一般用語か、それとも特定集団だけに通用する特殊用語かを瞬時に判別するのは、なかなか困難です。

さらに、特殊用語なら、聞き手が理解できる同じ意味の一般用語に置き換えるという作業をさりげなくできる人は、表現の達人です。凡人は、自分の心の中に浮かんだ言いたい事を、ただ、そのまま声に出すことで精一杯です。

幼児はよく「さっきね、さっちゃんがね、わたちのクマチャンを持ってっちゃったの」などと言います。聞き手が「さっちゃん」という人物を知っているかどうかなどには配慮できません。自分が知っている「さっちゃん」は、誰もが絶対知っている「さっちゃん」なのです。自分の立っている視点から見える世界を、すべての人が共有している世界だと信じて疑わないのです。

幼児が聞き手に応じたことばを選び、「さっきね、わたしがいつも遊んでいる、となりの家の六歳のおねえさんの『さっちゃん』がね……」などと話したら、逆に、かわいげがありません。そんな知恵がないところが幼児のかわいさです。しかし「オリ」が、父母にも通用する用語かどうかに配慮できない大人は、とてもかわいいとは言えませんね。

もちろん、自分たちの特定集団だけに分かる特殊用語を、ついつい集団外の聞き手にも使ってしまうことは誰にでもあります。「オリ」の先生だけを非難するわけにはいきません。これは、私自身を含めた万人が陥りやすい落とし穴の一つです。

パソコン・マニュアルが分かりにくい原因の一つにも、書き手だけが分かっている特殊用語、専門用語の乱用があります。専門バカと呼ばれる人種の書き手に「さっちゃん」の幼児と同じ心理が働いているのです。「自分が知っていることは、誰でも知っているはず」という幼稚な前提から逃れられないのです。

他人の視点に立つ

情報の送り手は、受け手の人物像、プロフィールを設定し、それに応じた表現を選ばなければなりません。マンションであろうと、車であろうと、雑誌であろうと、ある新商品を企画する場合、そのユーザー層を最初に設定し、それに応じた商品設計をしていくのと同じです。「誰に売り込むのか」を最初に設定し、それに適した商品コンセプトを作り上げるわけです。

「分かりやすい情報発信」もまったく同じです。

こうなると、ある分野の専門家が必ずしも初心者に対する上手な説明者ではない、ということになります。なぜなら専門家は、初心者の立場、発想に立つことがむずかしいからです。自分が日常的に使っている専門用語になじみすぎているため、よほど強く意識していないと、その専門用語が素人には通じないことをつい忘れてしまうのです。

もっと気取らないで言えば、**「分かりやすい表現」ができるかどうかは、どれだけ他人の視点に立てるかどうかにかかってきます。**他人に説明する場合、自分が専門家でも、自分とは異なる、受け手の視点に応じた適切なことばを選びながら、情報発信することが大切です。

お年寄りや体の不自由な方にとって暮らしよい住宅などを設計する際、そうした方々の立場（すなわち視点）を実感することが大切です。しかし、元気な人には、それがむずかしいため、そうした方々の視点を疑似体験できる装置があります。

テレビなどで見た方も多いでしょう。弱った足腰を実感してもらうため、体中に重りを巻きつけ、さらに弱った視力、狭くなった視野を体験してもらうための特殊なゴーグルなどを装着します。こうして初めて、そうした方々の視野、世界を体験できるのです。お年寄りや体の不自由な方々の疑似体験装置はあっても、専門家のための「素人擬似体験装置」はありません。そのため素人の視点で情報発信することがむずかしいのです。

しかし、特殊な用語の乱用を防止する方法は、意外に単純です。

それは、**最初に受け手のプロフィールを定義すること**です。そして、その想定した受け手にとって理解不能な語彙、表現が使われていないかをチェックするしかありません。

これはなんでもないことですが、この当たり前のことができていない情報発信が街に氾濫しているのです。

商品の場合は「ターゲットは女子高生」などと、きわめて戦略的かつ緻密に対象が研究されます。それが正しく的を射れば、商品はヒットします。

情報発信の場合も、同様に、戦略的かつ緻密に、受け手プロフィールを定義し、その視点に立って発信すれば、その情報は、きわめて分かりやすいものとなるはずです。

「フールプルーフ」のすすめ

受け手プロフィールを設定する、というと、普通「年齢」「性別」「職業」などを思い浮かべます。しかし、それだけではありません。受け手のプロフィールとは、もっと広い概念です。

たとえば、慎重に読めば正しく理解できる情報でも、そそっかしい私はよく読み間違えたりします。読み間違いの第一の責任は、もちろん、そそっかしい私にあります。

しかしここで、より分かりやすい情報発信を心がけるなら、**受け手の中に多くのそそっかしい者がいることを想定し、読み間違いが起こらないように工夫することもできる**はずです。

受け手プロフィールを「慎重な人」と設定した場合と、「そそっかしい人」と設定した場合とでは、どちらの情報発信がよりやさしくなるかは説明するまでもないでしょう。

腕時計などで水がかかることを想定して、その対策が講じられていることを英語でウォータープルーフ（waterproof）といいます。

同様に、あまり注意深くない人々の存在を織り込んで、その対策が講じられている製品のことをフールプルーフ(foolproof)といいます。日本語に無理に翻訳すれば、「そそっかしい人を想定した」あるいは「知的ハードルを低くした」といったところでしょう。

たとえば、シャッター・スピード、絞り、ピント合わせなどの調整が不要で、素人(fool)でも誰でもシャッター・ボタンさえ押せば、簡単にきれいな写真が撮れるカメラがあります。こういうカメラのことを「これは、フールプルーフだ」といいます。

フールプルーフとは、通常は工業製品、商品に使われることばです。しかしこの概念は、表現の品質管理という観点からも、重要な基準になります。

冒頭に紹介した自動改札機の設置にあたっても、この配慮が必要だったのです。

ここで二つめのルールができました。

ルール❷

「受け手」のプロフィールを設定せよ。

犯人03

受け手の熱意の読み違い

反論広告のミステーク

受け手のプロフィールは幅広い概念だと言いました。発信する情報に対して「関心のあるグループ」「関心のないグループ」という項目も重要です。受け手プロフィール設定の際、この項目を誤った場合も、分かりにくい情報発信となることがあります。

文章であろうと製品説明プロモーション・ビデオであろうと、**もともと受け手があまり関心を持っていない情報を発信する場合は、とくに大切な項目です。**

ある食品会社が、自社製品に「環境ホルモンが混入している」と疑われたことに対して、新聞などに反論（意見広告）を掲載したことがありました。

例3-4（上）は事実関係などは変えてありますが、実際の意見広告と同じような趣旨と構成の文章です。これは、読者の視点など考慮せず、自分の会社の発想だけで書いている例です。

会社にとっては死活問題でしょうが、読者にとっては、その製品を買わなければそれ

3-4　読んでもらえる意見広告

✕ 違反例

当社の甘味料スウィート・ゼットに環境ホルモンのクロロトリチエン化アミンが含まれているとの趣旨で、7月13日に厚生省より発表されました。しかし一部マスコミの誤解により、クロロトリチエン化アミンの含有量がWHOの許容基準を超えているとの誤った報道がなされました。翌日、厚生省も紛らわしい発表であったことを認め、スウィート・ゼットのクロロトリチエン化アミンの含有量が一般家庭の上水道の含有量を下回ることを発表し、NHK等でも報道されたのは、ご承知の通りです。しかし遺憾ながら、当社の申し入れにも拘らず、一部報道機関は、事実誤認に基づいた報道の訂正を拒否しており、今日に至っています。

0.002ppmの含有量で環境ホルモン作用が確認されているのはクロロトリ塩化アミンであり、クロロトリチエン化アミンと混同されているのが現状です。WHO1997年の基準では、クロロトリチエン化アミンは、日本の水道水の含有量の2万倍、スウィート・ゼットの含有量の50万倍である4.00ppmでも環境ホルモン作用は確認されていません。

○ 改善例

誤解です！

スウィート・ゼットに環境ホルモンが入ってるんだって !!

真実は！

- **スウィート・ゼットはWHOの基準をはるかに超えるきびしい基準を満たしている安全な食品です。**
- **スウィート・ゼットは、ほとんどカロリーを含まない、植物性の安全なダイエット甘味料です。**

詳しい科学的データは、http://www.worldfood.co.jp/ をご参照ください。

ですむだけのことです。そんな人たちがこの文章を読んでくれるでしょうか。

この場合、たとえば改善例のようにしてみたらどうでしょう。これなら関心の薄い読者にも、短時間で主張が伝わるのではないでしょうか。

熱意ある受け手ばかりではない

妻の話では、昼間、家にはいろいろなセールスマンが来るそうです。

もともと妻は、ほとんどの商品を買う気がありません。それに対して、セールスマンの対応には二つのタイプがあるといいます。

妻の買う気、すなわち顧客の態度、熱意とは無関係に、会社で教わったマニュアル通りの対応をするセールスマンと、顧客の反応に応じて説明の仕方を変えるセールスマンです。

戸別訪問のセールスマン、つまり情報の送り手は、顧客、すなわち情報の受け手と対面しており、常に受け手の熱意をモニターしながら、リアルタイムでそれに応じることができます。そんな状況にもかかわらず、受け手の熱意、関心度という貴重な情報を活かそうとしないのは、駄目セールスマンです。聴衆の存在を忘れて、一人早口でしゃべる講演者も基本的には同じです。

しかし、情報伝達は、送り手と受け手が対面するような方式ばかりではありません。たとえば、この本の筆者である私は情報の送り手であり、読者であるあなたは受け手です。送り手の私は、この文章を書きながら受け手のあなたの顔色をうかがうことはできません。つまり、現在書いているこの文章に対するあなたの関心度、熱意をモニターしながら、それに応じて文言を適宜変えることなど不可能です。

このように、執筆時に読者の反応が見えないので、筆者は、へたをすると受け手の熱意の程度を無視する駄目セールスマンと同じ失敗を犯す危険性があります。

とくに自分の主張、文章、表現に自己陶酔してしまう場合にその危険があります。情報の受け手である読者の存在を忘れてしまい、唯我独尊状態になりやすいのです。

筆者が発信したい情報について、必ずしも読み手も同じ程度に関心、熱意があるとは限りません。もちろん、中には筆者と温度差のない熱心な読者も当然いるでしょう。しかし「少し大袈裟な」と懐疑的姿勢を取る（温度差のある）読者もいるはずです。

それにもかかわらず、筆者が、自分と温度差のない読者だけを想定して本を書けば、受け手の熱意の読み違い、という失敗を犯すことになります。温度差のない読者だけを想定して書く文章は、温度差のある読者にとっては「分かりにくい表現」となってしまいます。

場合によっては「分かりにくい」以前に、「読んでもらえない」文章になってしまいます。

熱意ある受け手、すなわち読者なら、少しくらい分かりづらい表現があっても、自ら情報整理という仕事を従順にやってくれます。しかし、熱意のない読者は、中途放棄という強権発動をするでしょう。

「親切心の欠如」のところでも書いたように、あまりカレーライスを食べたいと思っていない人に、カレーの材料だけを放り投げても駄目なのです。食べてもらうには、キチンと料理して出さなくてはいけません。

このように、**送り手と受け手との熱意の違い、つまり「温度差」をどれだけ考慮するかも、「分かりやすい表現」のポイント**になります。

ルール❸
「受け手」の熱意を見極めよ。

犯人04 大前提の説明もれ

入門編はどっち？

将来を見据えて、中国語の勉強を今から始めたほうがよいと思い立ち、いろいろな教材を買い込みました。

当然、ラジオとテレビの中国語講座のテキスト購入も考えました。そこで、ラジオかテレビの一方だけにするか、それとも両方やるべきか、あるいは、完全初心者用の入門編のレベルはどの程度だろうかなど、書店での立ち読みで探ろうと思ったのです。

ところがテレビ用テキストは、表紙（75ページ例3－5）をひとめ見ただけでは、初級者用なのか中級者用なのかがよく分かりません。そもそも、そのように分割されているのかどうかさえ、判然としませんでした。

実は入門編の方だけ、付け足し程度に小さい文字で（入門）と付記されてはいましたが、そそっかしい私は見落としてしまったのです。

入門編が後にある！

そこで今度はもくじ（例3－6）を見ました。

ところが、ここでも、二つに分かれているらしいのですが、どっちが入門編で、どっちが応用編なのかが、相変わらずまったく分かりません。それどころか第一課のタイトルを見ると、上の方は『はじめまして、どうぞよろしく』で、下の方も『はじめまして』となっています。つまり、どちらも入門編のような印象です。

通常、このような場合、前半が初級者用、後半が中級者用と考えられます。そこで前半部分の第一課『はじめまして、どうぞよろしく』のページを開いてみました。

ところがやけに内容がむずかしいのです。パラパラと二、三ページめくってみると、

3-5 『テレビ　中国語会話』の表紙

✕ **違反例**

テレビ ［教育テレビ］

中国語会話

4

4月新

【中国旅游指南】

❶はじめまして、どうぞよろしく　❷中国語がお上手ですね
❸タクシーに乗る　❹ホテルのフロントで

月曜午前　6：40 ～ 7：00
火曜午前　7：40 ～ 8：00（再）

【山本さん一家の中国アルバム】（入門）

金曜午前　7：40 ～ 8：00
土曜午前　7：20 ～ 7：40（再）

3-6 『テレビ　中国語会話』のもくじ

✕ **違反例**

中国旅游指南	〈月・火〉講師●●●●

第１課　はじめまして、どうぞよろしく ―― 10
第２課　中国語がお上手ですね ―― 18
第３課　タクシーに乗る ―― 26
第４課　ホテルのフロントで ―― 36

昨年度分の再放送です。

山本さん一家の中国アルバム	〈金・土〉講師●●●●

第１課　はじめまして ―― 46
第２課　こんにちは ―― 52
第３課　ありがとう ―― 58

これは明らかに入門編でないことが分かりました。もくじに戻って後半の第一課『はじめまして』のページを開き、やっと自分の見たかった入門編にたどりついたのです。

補足ですが、ここで私は「通常はこうだろう」という予想をしました。これは、後述する犯人14の「自然な発想に逆らう」で説明する「自然発想」に該当します。

最初に表紙でとまどってから、やっと目的の『入門編』にたどりつくまで、ずいぶんと右往左往させられました。

ちなみに、ラジオ・テキストの表紙（例3－7）のほうは『入門編』と『応用編』とに分かれていること、及び、それぞれの内容の表題がひとめで分かりました。

また、もくじ（例3－8）も『入門編』と『応用編』に分かれていることが明確で、さらに、各課の放送日も同時に分かります。**表紙ともくじを表現の品質管理の視点で比べれば、ラジオ・テキストのほうが数段優れている**ことになります。

どうやらテレビの担当者の間では、『中国旅游指南』と『山本さん一家の中国アルバム』のどちらが入門編で、どちらが応用編かは、あまりにも当然すぎることだったようです。それが盲点になり、説明する必要さえ見落とされたということです。

関係者にとって当然すぎる大前提は、その説明を見落とされがちになるのです。なお、

3-7 『ラジオ　中国語講座』の表紙

○ 改善例

ラジオ

中国語講座

■ 入門編 中国語　第一歩から

■ 応用編 「美香さんの中国留学記」

3-8 『ラジオ　中国語講座』のもくじ

○ 改善例

入門編　中国語　第一歩から

中国語　学び始めるまえに ………… 6
4月 7 日（月）第１課　四　声 ………… 8
8 日（火）第２課　単母音（1） ………… 10
9 日（水）第３課　単母音（2） ………… 12
10日（木）第１週のまとめ ………… 14
14日（月）第４課　子　音（1） ………… 16
15日（火）第５課　子　音（2） ………… 18
16口（水）第６課　子　音（3） ………… 20

応用編　美香さんの中国留学記

4月 11 日（月）第１课　唉，这不是王老师吗 ………… 46
12 日（火）第２课　好几年没见了，您还那么年轻 ………… 48
18 日（水）第３课　我离开日本那年，你上三年级吧 ………… 50
19 日（木）第４课　这次是公司派你来进修的 ………… 52
25 日（月）第５课　哪天到我家来吧 ………… 54
26 日（火）第６课　您家离学校不远 ………… 56

誤解のないように書いておきますが、ここでは表現の品質管理についてだけを評価しています。このテレビの入門編を実際に勉強してみると、飾らない先生、親しみやすい中国人ゲストたち、詳細な発音より中国語の基本リズムを重視するなど、講座としての品質は高く、斬新な番組になっていて、大変満足しています。

分かりすぎて分からない

この小見出しの「分かりすぎて分からない」は、少し「分かりにくい」ので、主語、目的語を補ってみましょう。「ある事柄をよく分かっている人は、その事柄を知りすぎているため、逆に、その事柄をよく知らない人が、何が分からないのかを分からない」という意味です。

狙いに反して、かえって分かりづらくなってしまったでしょうか？

一般に、ある事柄を説明するには、その事柄に精通している人が最適任と信じられています。これは真理には違いないのですが、往々にして「逆もまた真なり」です。**「大前提の説明もれ」の背後には、この「分かりすぎて、分からない」現象がある**のです。

パソコン初心者向けのマニュアルを書く最適任者は、実はパソコン・マニアではありません。その理由は、パソコン・マニアが一つのことにしか精通していないからです。初心者向けマニュアルを執筆するためには、二つのことに理解がなければなりません。一つはパソコンの知識であり、もう一つは初心者の発想です。パソコン・マニアはパソコンの知識が十分でも、もう一つの「初心者の発想」に欠けるのです。

もちろん、パソコンをよく知らない初心者も、これまた失格です。初心者の発想に対する認識が十分でも、今度はパソコンの知識がありませんから、こちらもお話になりません。

このケースでは、最適任者は「初心者卒業ホヤホヤ」の中級者です。分かりづらいマニュアルに怒りながら、さんざん苦しんで、どうにかこうにかパソコンを使いこなし始めている人です。

初心者卒業ホヤホヤの人なら、初心者が何を理解できず、何を迷い、それをどう解決したか、記憶に新しいはずです。記憶に新鮮な自分の体験をほとんどそのまま書いていけば、初心者向けのよいマニュアルができあがるのです。

筋金入りのパソコン・マニアでは、こうはいきません。初心者だった頃の自分の発想、苦労などはすでに記憶のかなたで、実感に乏しく、ほとんど他人事《ひとごと》なのです。結果として悪意はないものの初心者に不親切なマニュアルができあがってしまいます。

実際に『お年寄り向けパソコン教室』の成功例があります。そのパソコン教室のインストラクターは、すべてパソコンを覚えたての六〇代、七〇代なのだそうです。やはりお年寄りの生徒たちから「分かりやすい」と、すこぶる評判なのです。

知れば知るほど失われるものもある

あることに精通して行く過程で、知識量は、増加していく部分だけではなく減少していく部分もあります。パソコンでいえば、習熟の過程で増加していくのはパソコンの知識であり、減少していく、つまり、失われていくのは初心者の発想なのです。

よく講演をする私の経験からも、この一般論は納得がいきます。

同じ内容の講演を繰り返し依頼されることがよくあります。この場合、最初の講演では、プレゼンテーション用のパッケージも作成したばかりで、内容にも自信がない状態です。講演内容も空で言えるほどには身についていません。ところどころに自分自身が十分理解できていない個所があったりもします。したがって第一回目の講演では、それこそ話し方も訥弁《とつべん》で、いかにも自信がなく、質問が出たりすると、冷や汗ものです。

しかし、同じ講演を七、八回も繰り返す頃になると、初回の頃には自分でも理解できずに知ったかぶりを通していた部分も、十分に理解できるようになっています。たいていの質問にも適切に答えられるようになってきます。そこで自信が持て、話し方も能弁になって「立て板に水」も通り越してしまうくらいです。「なんて上手《うま》いプレゼンだろう。参加者の満足度も高いだろう」などと自己満足、自己陶酔も極まってきます。

自己評価と聞き手の評価は一致しない

私は、講演などの後で、参加者の満足度を数量的に把握するため、必ずアンケートを提出してもらいます。そのアンケートでは、様々な項目に対して五段階評価してもらうのです。その中には「この講演は、あなたの役に立ちましたか?」とか「この講演に対するあなたの満足度は?」のような総合満足度をたずねる設問を入れておきます。

この総合満足度に関して、注目すべき現象に気づきました。**私が自覚する講演のでき**

具合の自己評価と、参加者の評価が、必ずしも一致しないのです。

結論を言ってしまえば、自分ではまだヨチヨチ歩きと思っている二回目か三回目頃の講演が参加者にはいちばん評価が高く、自分では自信たっぷりで行っている七、八回目頃の評価は、たいてい、それより低いのです。最初に、この現象に気づいた頃は、キツネにつままれたような気分でした。しかし、そのうちにこの謎が解けたのです。

私は同じ講演を繰り返すうちに、講演の内容には精通していったのですが、逆に、**私の講演を今日初めて聞く聴衆の「視点」「発想」を徐々に失っていた**のでした。

初回の頃は、自分自身、講演内容の一部分を理解できなかったりして、聴衆に近い立場、目線で話していたのでしょう。しかし講演を重ねるうち、「受け手にとってどこが分かりづらいか」という視点を失い、勝手に一人、早口で話していたのだと思います。

初めてスケートをする人に教える先生は、やっと少し滑れるようになった人が適任です。スケートの達人が「どうして滑れないの？　こういうふうにすれば簡単じゃん」などと、スイスイと疾走してみせるのは駄目なのです。**「技術的スキル」と「表現スキル」はまったく別物**なのです。それなのに「分かりすぎて分からない」の世間での認識が薄いため「精通者こそ説明適格者」がまかり通ってしまうのです。

だから、たとえば製品開発の技術担当者が取扱説明書を執筆させられたりします。その製品に技術的には十分精通しているのですが、たいていは、ユーザーの視点、発想には乏しく、「分かりすぎて分からない」現象に陥るのです。**表現者は自身の表現の評価者にはなれない**のです。

ただし、精通者、専門家がすべて説明者不適格ということにはなりません。受け手の視点、受け手の発想にも十分留意すれば、精通者、専門家こそが、説明の達人にもなれるのです。したがって、ある分野の専門家であるあなたがこの本を読み終えれば、専門知識と表現スキルの両方を手にしたことになり、その分野の情報発信に関しては、鬼に金棒でしょう。

ルール❹

大前提の説明を忘れるな。

犯人05

ガイドの欠如

テーマパークではなぜ全体地図が配られるか

情報発信とは、ある事柄を知らない人に、その事柄を教えることです。これは、初めてテーマパークを訪れた人にその中を案内（ガイド）することに似ています。

テーマパークの入り口では、たいてい、テーマパーク全体の地図を渡してくれます。全体の概観をあらかじめ入場者に教え、迷わせないためです。その概観地図によって、入場者は常に「全体図」と自分の「現在地」を把握し続けることができ、迷わないのです。逆に言えば、この二つのいずれか一方でも見失えば、迷った状態になるわけです。

運動会などではプログラムが配られます。これも時間的空間での全体地図と現在地を与えるためです。

「分かりやすい表現」の秘訣の一つとして、この**全体地図と現在地を情報の受け手が常に把握できるように配慮することが大切**です。

敷地全体の地図を持たないでテーマパークを歩けば当然迷います。テーマパークでなら、迷っても楽しい迷いですから、それも、まあよいでしょう。

では、多機能電子レンジの取扱説明書を読む場合を想定してください。これも、「電子レンジの使い方」という一種のテーマパークに入場するようなものです。

膨大な量の情報がただゴチャゴチャと羅列、展示されているだけで、適切なガイドがなければ、入場者は迷います。いくら展示されている情報が正しいものばかりでも、入場者には効率よく情報が伝わりません。しかも、入場者は娯楽を目的としてこの展示場に入ったわけではありませんから、適切なガイドがなく迷わせられれば怒ります。

よほど几帳面な人でもない限り、取扱説明書を小説のように初めから順に読んでいくことはまずありません。自分の知りたいことのために、一時的に取扱説明書を開くのが普通です。

したがって取扱説明書では、知りたい情報を効率よく見つけてもらうため、簡単に検索できることが大切になります。「あいうえお」順、または「ＡＢＣ」順で検索できるようにしたり、関連用語の索引を巻末に付けたり、いろいろ工夫されています。

よい構成がよいもくじを生む

しかし、取扱説明書の場合、索引は、検索しやすさの補助的手段であって、抜本策ではありません。抜本策は、よい「全体地図」を与えることです。

取扱説明書のような場合、よい全体地図とは、よいもくじに他なりません。そして、よいもくじはよい構成から導かれる結果にすぎません。ということは、取扱説明書は、何よりもまず、よい構成を出発点としなければならないのです。

構成、配列が悪い場合、どう工夫しても、よいもくじなど生み出しようがありません。逆に、構成さえしっかりしていれば、よいもくじを生み出すのは簡単なはずです。

では「よい構成」とは、なんでしょうか。第2章で「『分かりやすい』の原点は『分ける』こと」と述べました。**よい構成とは「よく分けてある構成」のこと**なのです。

例3−9を見てください。違反例も改善例も、最終的な項目の数は二〇個です。同じ項目数を水平方向（大↓中↓小項目）と垂直方向（同レベルの項目）の拡がりに分類しているわけです。

この両者を比較して何に気づきましたか。

3-9　大項目・中項目・小項目

✕ 違反例

- 大項目１
  - 小項目１
  - 小項目２
- 大項目２
  - 小項目１
  - 小項目２
  - 小項目３
- 大項目３
  - 小項目１
  - 小項目２
- 大項目４
  - 小項目１
  - 小項目２
  - 小項目３
- 大項目５
  - 小項目１
  - 小項目２
  - 小項目３
- 大項目６
  - 小項目１
  - 小項目２
- 大項目７
  - 小項目１
  - 小項目２
  - 小項目３
- 大項目８
  - 小項目１
  - 小項目２

○ 改善例

- 大項目１
  - 中項目１
    - 小項目１
    - 小項目２
    - 小項目３
  - 中項目２
    - 小項目１
    - 小項目２
- 大項目２
  - 中項目１
    - 小項目１
    - 小項目２
  - 中項目２
    - 小項目１
    - 小項目２
    - 小項目３
  - 中項目３
    - 小項目１
    - 小項目２
    - 小項目３
- 大項目３
  - 中項目１
    - 小項目１
    - 小項目２
    - 小項目３
    - 小項目４
  - 中項目２
    - 小項目１
    - 小項目２
    - 小項目３

水平方向の拡がりと垂直方向の拡がりのバランスでしょうか。確かに改善例のほうがバランスがいいですね。

しかし、ここでの核心は別のところにあります。それは **「選択肢の個数」** です。もくじの中で、あるものを探す場合、大項目から順に小項目へと向かって行きます。この場合、大項目でも、中項目でも、どの場所でも、ある数の選択肢の中から当てはまるものを探すことになります。

違反例では、大項目での選択肢の数は八個です。一方、改善例の最大選択肢数は、小項目の四個です。

「四個の中から一個探す」ことと「八個の中から一個探す」ことを比較した場合、どちらが簡単ですか。「少ない数の中から探すほうが楽」というのは単純な原理です。つまり、改善例の構成のほうが、最大選択肢数が小さいので、検索しやすい構成ということになります。

もちろん最大選択肢数ではなく、平均選択肢数を指標にしてもよいでしょう。

電子レンジの取扱説明書などの場合、この改善例のような構成をもくじにすれば、それは全体地図を把握させるよいガイドになります。電話機のように、伝えたい情報の総量、内容がすでに決まっている場合、それをどう料理（構成）するかが「表現の鉄人」にとって、腕の見せどころです。

解説書の類では、一冊の展示場の分かりやすさは、その内容よりもガイド役であるもくじ、すなわち構成で勝負の大半が決まるのです。

受け手に現在地を知らせる工夫をする

先日、あるセミナーを受講しました。自分もセミナー講師になることが多い私にとって、このセミナーは非常に参考になりました。今後、自分も真似したい手法をいくつか発見することができました。

それは一日がかりの講演でした。そんな時、朝一番に全体の構成を章立てで説明することはよくあります。

もちろん新しい章に入るたび、その冒頭のチャートをプロジェクターで投影して、その章の主題を簡潔に説明してくれました。しかし感心したことに、そのチャートには、その章が全体の中でどの位置（現在地）にあるかを示してあります。

例3－10（改善例）が、そのセミナーの第3章に入る冒頭のチャートです。このような場合、私なら、うっかりして違反例のようなスライドを作っていたでしょう。

事前に主題を受け手に説明し、鳥瞰図を与えることはとくに重要です。いきなり詳細な話に入られると、受講者は当惑してしまいます。冒頭でセミナー全体の鳥瞰図を与えてくれる、このような説明があると、それ以降の内容を理解しやすくなります。

この本でも、左上欄外に、現在開いているページが第何章なのかが明記されています。本全体のどこにいるかを、常に読者に把握してもらうためです。

ちょっとした心遣いですが、これだけで、**聞き手は新しい話に進むたびに全体地図と現在地を把握することができます。**これは、受け手を迷わせないためのよいガイドの例です。

見出しの効果

新聞やこの本には、見出しがあります。

見出しの役割の一つは、情報の所在地を知らせるラベルです。新聞はまず見出しに目

3-10　講習会用チャート『第3章』冒頭

✕ 違反例

第３章

異機種分散コンピューティング

○ 改善例

第３章

異機種分散コンピューティング

今日の内容

第１章　大型コンピューター時代

第２章　クライアント／サーバー

ここです → 第３章　異機種分散コンピューティング

第４章　オブジェクト指向技術の開花

第５章　CORBA の登場

をとおし、興味がありそうなものだけを読みます。

また時間のない時にも、新聞の見出しだけでも目をとおせば、世の中で何が起こっているかが把握できます。見出しには情報要約という役割もあるわけです。

しかし、見出しには、もう一つ大切な役割があります。それは、**受け手に情報の主題を事前に提示すること**です。本では、文章の区切り（段落、節、章）ごとに、その冒頭で、そこで扱う主題を要約して小見出しにすることが多いようです。

一種の全体地図（鳥瞰図）を先に与えているわけで、「分かりやすい表現」の秘訣の一つです。

受け手は、主題を事前に知らされるので心の準備ができます。つまり、その主題に応じた検索範囲としての整理棚をすばやく脳の中で準備できます。

反対に事前に主題が提示されていない場合、情報の受け手はしばらくの間「一体、何が言いたいんだろう？」と思い悩み、情報の消化不良が起こります。つまり、その情報に応じた整理棚を脳内に準備できず、検索範囲を絞り込めなかったからです。

94ページ例3−11は、業務用メールです。なかなか要点を言いません。それに比べて改善例は、冒頭でこのメールの核心である「数量に不一致がありました」を提示しています。どちらのメールが分かりやすいでしょうか？

情報の受信準備をさせてから情報伝達を開始しますから、情報伝達がスムーズに行われ、「分かりやすい」ということになるのです。本の小見出しなどは、もっぱらその目的で使われます。

また、長い文章が続くと分かりにくくなるので、見出しは、適当な長さごとに区切る役目もしています。これも、「分かりやすい」を向上させています。

主題の事前提示は、なにも新聞や本の見出しに限りません。91ページの例３－10（改善例）で見たように、上手な講演者は、話の区切りごとに、これから何を話すかを要領よく提示し、聞き手に心の準備をさせます。

このように、各部分ごとに要点を事前説明するのは、プレゼンテーション全体のどの部分をこれから話すのかを知らせる役割もあります。つまり、主題の事前提示は、全体地図（鳥瞰図）を与えることだけではなく、同時に現在地を確認させることでもあります。

3-11 業務メールの冒頭

✕ 違反例

To　　：小渕恵三様　（株）小渕製作所
From　：藤沢晃治　（株）科学社
Subject　：6月15日付け・見積もり依頼の件

ご存知の通り弊社6月15日付け見積依頼番号A03450に対して、先日、佐藤様よりご回答をFAX受信致しました。現在その価格を弊社、予算管理部門と合同で検討致しております。応札他社があと2社ほどあり、納期、単価、数量等、総合的に検討しておりますので、決定まで、今しばらく時間をいただきたいと存じます。なお数量に関してですが、御社の回答260は、当社の見積依頼の360と数量の不一致がありました。この数量に誤りがないか……

○ 改善例

To　　：小渕恵三様　（株）小渕製作所
From　：藤沢晃治　（株）科学社
Subject：数量の不一致（見積依頼番号A03450）

お世話になっております。
さて、弊社の6月15日付け見積依頼番号A03450に対する御社のご回答（FAX）に、数量の不一致がありました。
　　弊社要望：360
　　御社回答：260
この数量に誤りがないかどうか、また誤りがない場合、納期をどれだけ延ばせば数量360が可能かを、至急お知らせいただければ幸いです。

トピック・センテンスを活用する

私は英文ライティングを系統だてて勉強したことがあります。仕事に必要だったこともあり、工業英検一級という資格を取るためでした。驚いたことに、英文ライティングで学んだことは、ほとんどすべて日本語の文章にもそのまま当てはまるものでした。とくに英文ライティングでいうトピック・センテンス（topic sentence）の考え方は、ここで論じている主題の事前提示そのものです。

トピック・センテンスとは、段落または節（パラグラフ）のテーマを要約して示す文章のことで、段落の趣旨を簡潔に一、二文で要約したものをいいます。

トピック・センテンスは、変則的に段落末尾に置くテクニックもありますが、基本は段落の冒頭に置くのが「分かりやすい」文章とされています。

また、主題を冒頭だけではなく、末尾に再度提示すれば「まとめ」としての働きによって、さらに「分かりやすい」が促進されます。

認知心理学の実験によれば、複数の項目を順に暗記する「リスト暗記」では、初めのほうと終わりのほうの項目の暗記成績がよいそうです。このことからも、主題の事前提示やまとめが「分かりやすさ」に大きく貢献することが分かります。
そこで次のルールができます。

ルール❺
まず全体地図を与え、その後、適宜、現在地を確認させよ。

犯人06 複数解釈ができてしまう

あいまいな表現はなぜあいまいか

98ページ例3-12（上）は、第1章の冒頭で紹介した案内板です。この案内板では、横浜方面には直進するのか左折するのか、判断に迷います。いずれにもとれる（複数の解釈ができる）ので「分かりづらい」のです。改善例のようにすれば、ずっと「分かりやすく」なります。

また、ある人を次のように紹介されたら、どう解釈しますか？

❶あの方は小児科医の田中さんの息子さんです。
❷あの方は小児科医で、田中さんの息子さんです。

❶では、小児科医が田中さんその人なのか、田中さんの息子さんなのかがあいまいです。「小児科医の」が修飾している語が「田中さん」なのか「息子さん」なのかがあいまいだからです。

99ページ例3－13の違反例は、ときどき見かける日付の表示法です。しかし違反例の上の日付は、四月五日なのか五月四日なのかがあいまいです。同じく違反例の下の日付はさらに、二〇〇二年四月八日なのか、二〇〇二年八月四日なのか、あるいは二〇〇八年二月四日なのか、二〇〇八年四月二日なのか、まったく悩ましい日付です。

101ページ例3－14（違反例）は、家の近くにある駐車場です。写真では分かりづらいので図にしました。

このパーキングメーターは駐車区画の境界線上にあり、どのメーターがどの駐車区画

3-12　横浜へは直進か左折か？

✕ 違反例

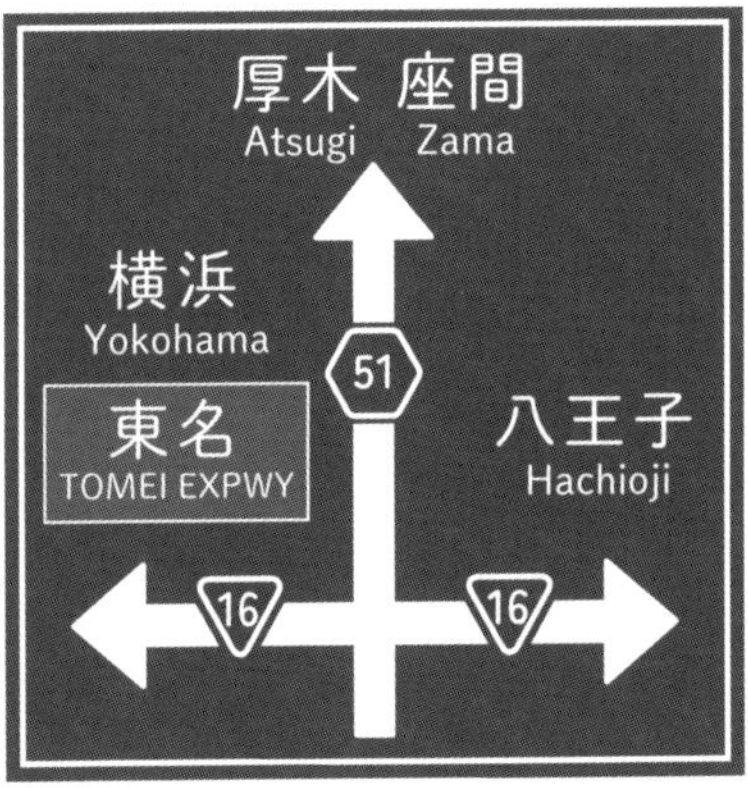

○ 改善例

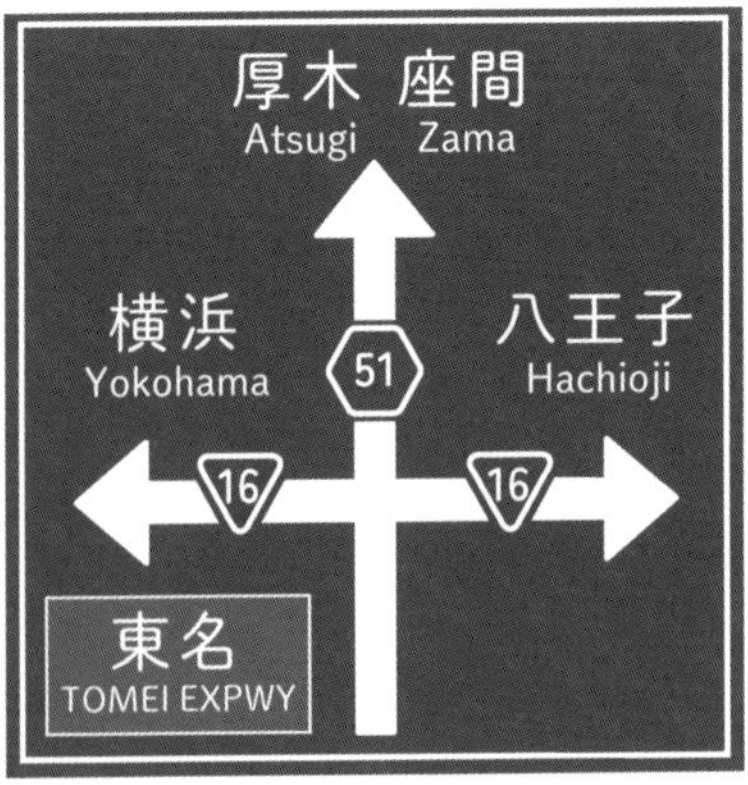

3-13 日付表示

✕ 違反例

04-05-19

02-04-08

○ 改善例

04-MAY-2019

02-APR-2008

に対応しているのか、瞬間、迷わせます。料金を払うのは右のメーターなのか、左のメーターなのか。

これらの違反例は、後で紹介するルール13の違反「視覚特性の無視」によって、**複数の解釈ができてしまう**からです。

ただし、だからといってメーターを区画の中央付近に置くと、使い勝手が悪くなりそうです。

これに対する改善例は通勤途中で見つけた、別の駐車場にありました。メーターが、該当する区画の方に向けて少し斜めに設置してあるのです。

今まで見てきたどの違反例も、複数解釈できるためにあいまいで「分かりにくい」のです。そしてどの改善例も、ちょっとした工夫で複数解釈できないようにしているにすぎないのです。

第2章で、「分かりやすい」とは「分けやすい」ということだといいました。つまり複数解釈できるということは「分けにくく」したがって「分かりにくい」のです。

矢印がどこに属するか、数字が年月日のどれを示すか、修飾語が何にかかるか、パーキングメーターがどの区画に対応するか、明確に分けることによって複数の解釈がなく

3-14　パーキングメーターはどっちのもの？

違反例

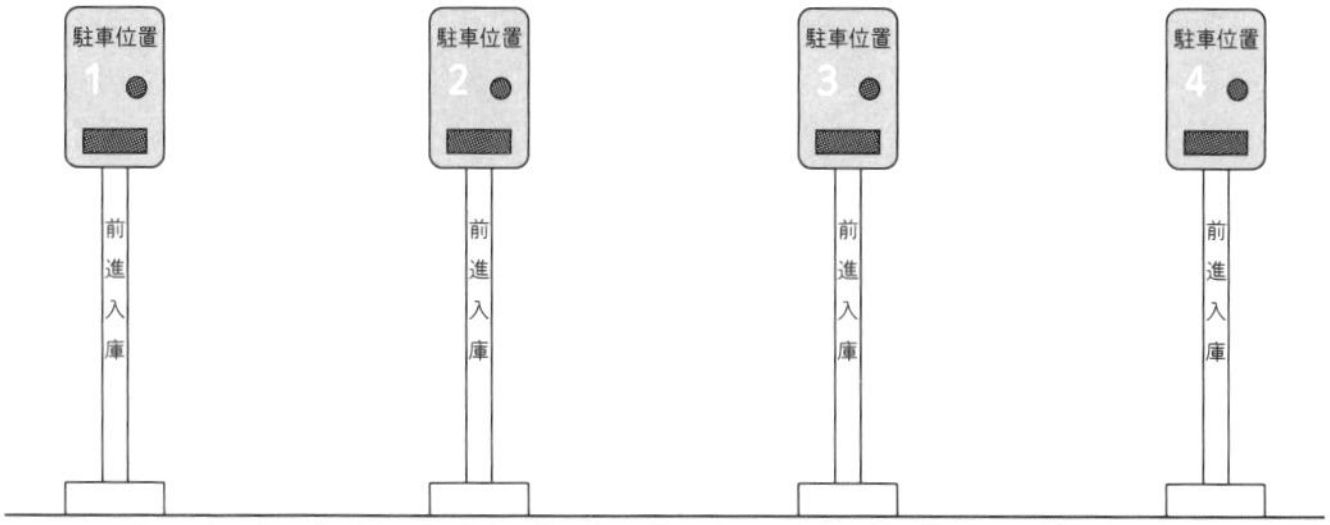

改善例

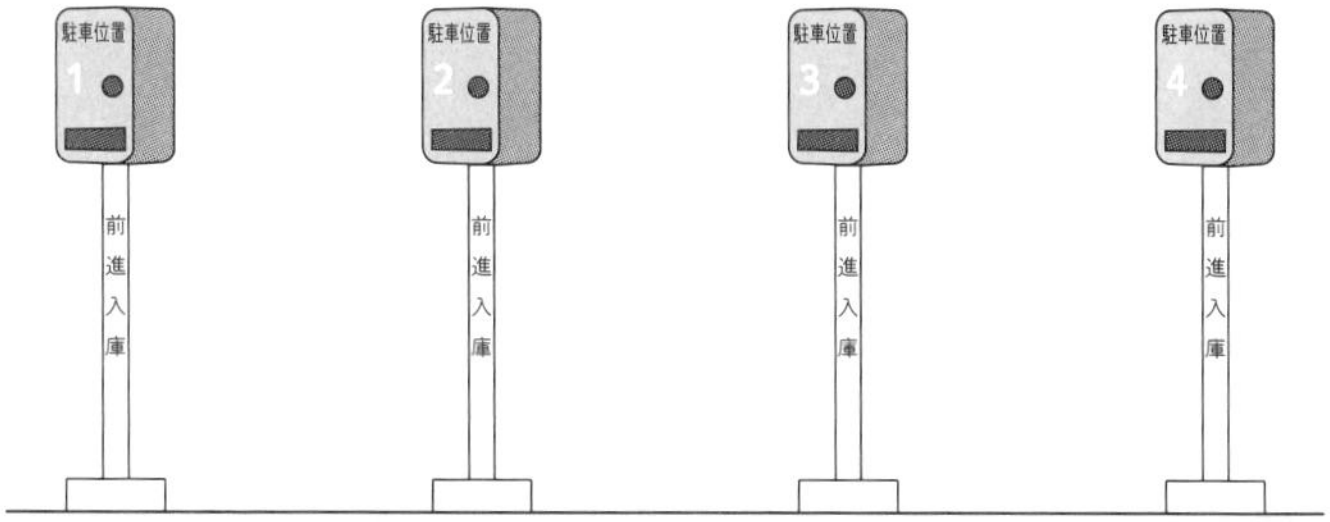

なり、分かりやすくなるのです。

他の解釈に気づくことはむずかしい

ところで、なぜ、案内板はあいまいなまま設置されたのでしょうか。設置した人が、複数解釈ができることを承知で放置したわけではないはずです。

人間は、視覚からの情報をストレートに認識しているのではありません。人間の「見る」とは、網膜に映った像をただ物理的に認識しているのではないのです。必ず情報をいったん脳で処理し、ある解釈を選択して「見て」いるのです。つまり、「見る」とは「解釈の選択」なのです。

そのために同じものを見ていても、それぞれの人で異なる解釈をするので、時にはまったく違うものに見えることもあるのです。

そして、いったんある解釈をしてしまうと、他の解釈で見ることができなくなります。

図3－15は有名な『ルビンの壺』です。最初に壺と見た人、つまり「壺」という解釈を選択した人には、同じ絵を「向き合った二人の顔」と見ることは、なかなかできませ

3-15 ルビンの壺

ん。

ヘルムホルツは、こうした認識過程を「無意識的推論」と呼びました。

一方、カエルなどの下等動物では、高級な推論などがあるはずがないので、視覚は、解釈や推論なしに光学的な刺激情報だけで形成されると考えられました。

これを提唱者の名をとってギブソン的見解といいます。

ただし、最近のコンピューター・シミュレーションによって、ギブソン的見解には無理があることが分かり、否定されつつあるようです。

ともあれ、自分が初めから持っている解釈で情報発信すると、その解釈があなたの視野を独占してしまい、別の解釈をすることがむずかしくなります。この現象を私は**「意図マスキング現象」**と名付けました。

表現者の脳内に漂っている「自分が伝えたい意図」が自分の表現の不完全さを覆って（マスキング）しまう現象を指します。

この現象のため、表現者は自分の意図以外の解釈に気づけなくなるのです。つまり、前述したように、「表現者は自身の表現の評価者にはなれない」のです。

タイトル付けの失敗

もちろん、こんな本を書いている私自身も、同じような失敗を犯すことは日常茶飯事です。数多い失敗のうちの一つをお話ししましょう。

自分の専門であるソフトウェア工学に関する講演は、以前からよく依頼されていました。ところが、三笠書房から『日本人が英語をモノにする一番確実な勉強法』という本を出版しているため、英語の攻略法に関しても講演を依頼される機会が多くなりました。

ある時、技術者向けセミナーの専門団体からの依頼で、英語が苦手なエンジニア向けに、いかにして英語を効率よくモノにするかのノウハウを伝授するセミナーを持ちました。

私はそのセミナーのタイトルを**『エンジニアのための英語攻略』**としたのです。

もちろん、このタイトルが、自分の意図とは異なる他の解釈ができるなどとは、それこそ夢にも思いませんでした。ところが、セミナーを二回、三回と重ねたある日、セミナー終了後、一人の受講生から苦情をいただくことになったのです。

苦情の趣旨は「私は、毎日、英文の技術書を読むのに苦労しています。そこで技術英語の特徴、技術的語彙の勉強法を知りたいと、このセミナーを受講したのですが、聞いてみると、内容が違っていました」とのことでした。

私は、あまりにも予想外のことを指摘されたので、意味が分からず、一瞬とまどいました。しかし、すぐにセミナー・タイトルがあいまいで、誤解を与えてしまったことに気づき、平謝りしました。

そうです、『エンジニアのための英語攻略』というタイトルは、複数の解釈ができるのです。「エンジニアのための」ということばが「英語」を修飾しているのか、「攻略」を修飾しているのかがあいまいで、二つの解釈を許すのです。

解釈－1　**エンジニアのための「英語攻略」**
解釈－2　**「エンジニアのための英語」の攻略**

どういう意味かが明確になるように、もっと説明的な表現で言い換えれば、

解釈－1　**技術者のための「英語攻略法」**
解釈－2　**「技術英語」の攻略法**

ということです。

私は、解釈－1のつもりで命名し、解釈－2があることに気づきませんでした。一方、不満を洩らした受講生は、解釈－2と理解し、解釈－1に気づかなかったため、ムダなお金と時間を使ってしまったのです。

これでルール6ができます。

ルール❻
複数解釈を許すな。

犯人07 情報のサイズ違反

区切れば分かりやすくなる

108ページ例3-16（上）程度の文章は日常的によく見かけます。別段、分かりにくい文章とも思えません。しかし、改善例と読み比べてみてください。どちらの文章がすんなり頭に入っていきましたか？

109ページの例3-17は、以前、我が家が引っ越しする際にお世話になった、ある大手不動産仲介業者のサイトの冒頭画面です（この本に掲載するために単純化しています）。

いろいろと貴重な情報を入手できたので、このサイト自体には深く感謝しています。ただ、慣れるまではいつも、この冒頭のページでウロウロしてしまい、時間がかかってイライラしたのを覚えています。

改善例のように構成を変えることで、全体の情報量は同じでも、スッキリさせることができるでしょう。そうすれば、もっとこのサイトに入りやすくなるのではないでしょ

✕ 違反例

メールがもたらすことは、情報の伝達時間が限りなくゼロになるだけでなく、電話や会議と違い、情報の送り手と受け手が同じ時間を共有する必要もなくなり、しかも電話とは違い、記録が明確に残ることなどです。

○ 改善例

メールが主にもたらすことは、3つあります。1つめは情報の伝達時間が限りなくゼロに近づくことです。2つめは、電話や会議と違って、情報の送り手と受け手が、同じ時間を共有する必要がないことです。そして3つめは、電話と異なり、記録が明確に残ることです。

3-17　不動産業者のホームページ

✕ 違反例

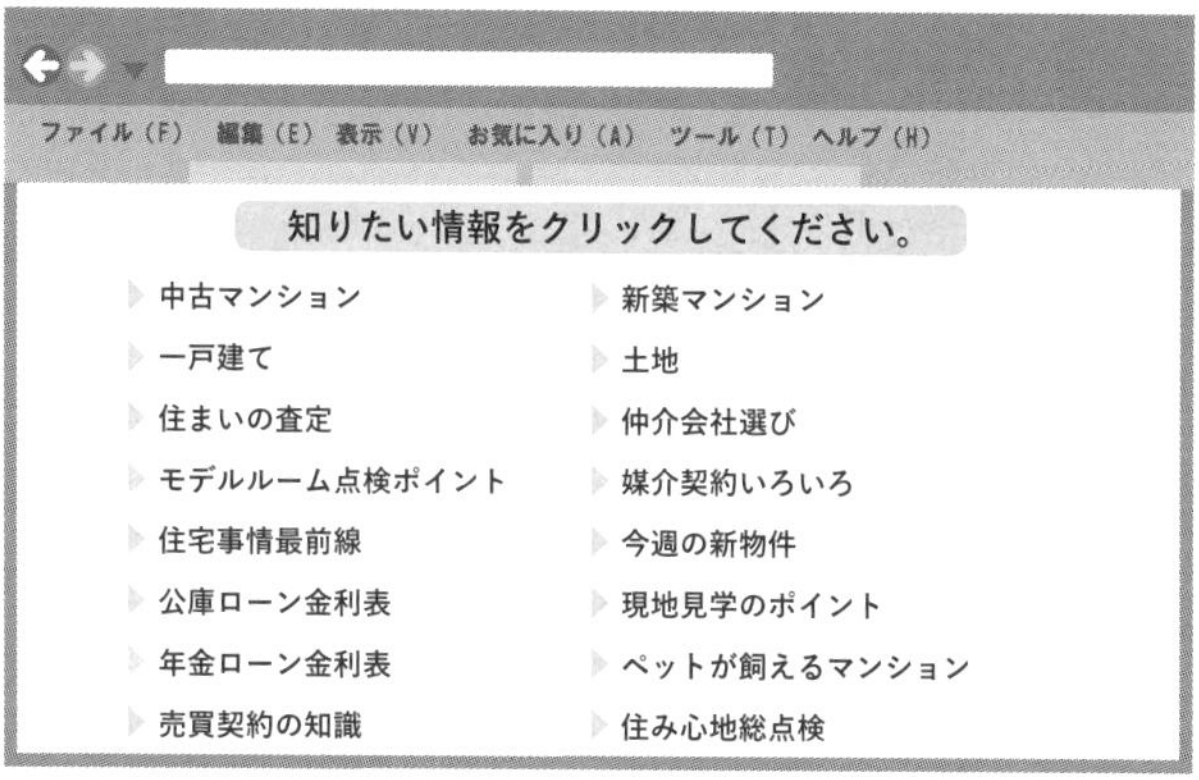

○ 改善例

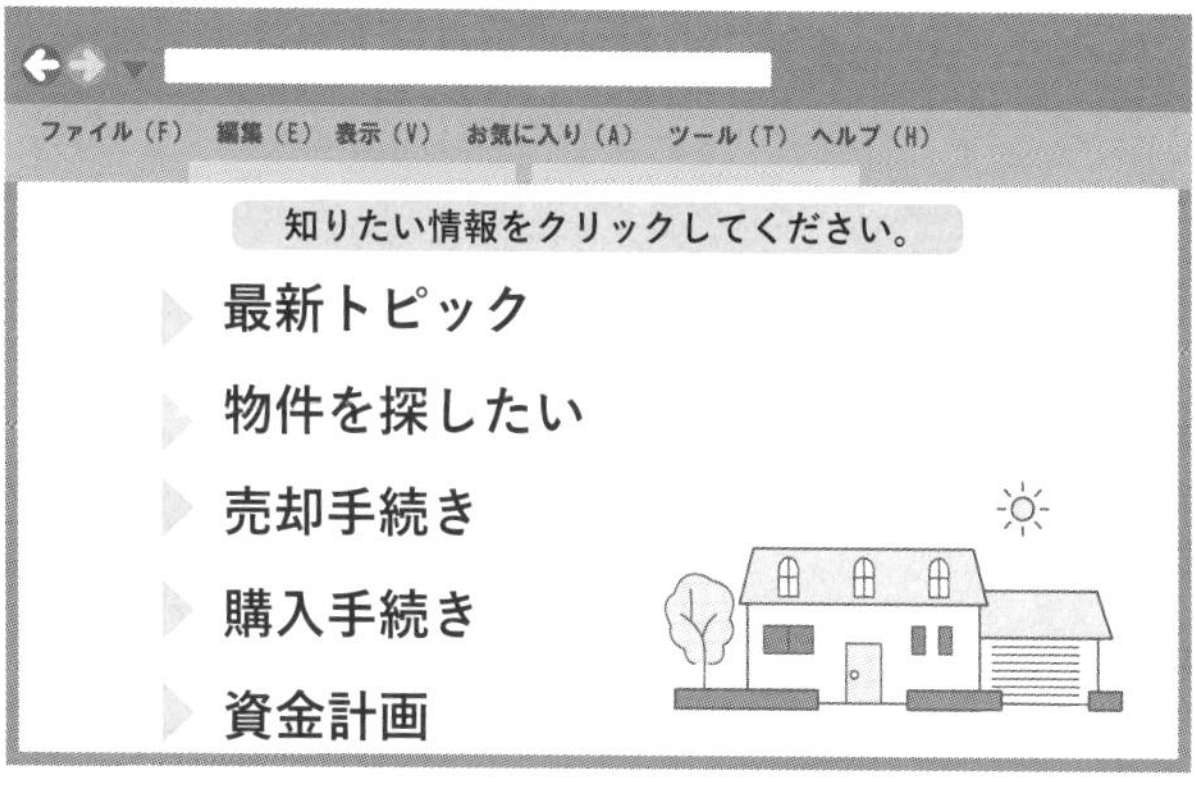

うか。

情報処理にはサイズ制限がある

分かりにくい話を聞くと、よく「もっと噛み砕いて話してよ」などと言います。言うまでもなく「噛み砕く」ということばには、本来の「噛んで細かくする」という以外に、「むずかしいことを分かりやすくする」という意味もあります。この二つの意味が同じことばで表現されることには、大きな意味があります。

第2章で「分かる」とは「情報が脳内整理棚に格納されること」と話しました。つまり「分かりやすい」とは、脳で情報が整理されやすいように、あらかじめ情報を加工して送ることでした。そしてこの「噛み砕く」の本来の意味である**「細かくする」ことも、分かりやすくするための有力な加工手段**なのです。

細かくすると「分かりやすい」理由の一つは、情報を脳内整理棚に入れるときの、一回の処理単位に「サイズ制限」があることです。これは第2章で紹介した一次記憶（作業記憶）域のサイズに由来するものです。

たとえば、ビール瓶の狭い口が一次記憶域で、瓶の中が二次記憶域と考えるとよいでしょう。

瓶の口より大きいものは、もちろん瓶には入りません。口より小さなものはスムーズに入っていきます。同じように、一次記憶域の大きさ制限を超える情報は、脳内整理棚（二次記憶域）へ入れることはできません。制限内ならどんどん入っていきます。

つまり、**単位当たりの情報伝達量が小さいほど、分かりやすい表現になる**ということです。伝達の単位とは一個の文、文章の一段落、一枚の道路標識、一画面内のメニュー選択肢の数などです。

単純で分かりやすい例は「文の長さ」です。

サラリーマンの私には、年末に会社から『税額控除年末調整申告書』なるものが渡されます。損害保険にも入っているので、申告用紙の裏側の説明を慎重に読みました。ところがこれは「分かりにくい」どころかまったく分かりません（112ページ例3－18違反例）。

これを読んで、すぐ意味の分かる人は、天才か専門家だけでしょう。

たとえば改善例のような表現（内容は不正確かもしれませんが）にはできない、何か

3-18　税額控除年末調整申告書

✕ 違反例

　損害保険料控除の対象となる損害保険料とは、あなた又はあなたと生計を一にする親族の家屋で常時その居住の用に供しているものや、これらの人の生活に通常必要な家財を保険又は共済の目的とする損害保険契約、火災共済契約などの損害保険契約等又はこれらの人の身体の障害に起因して、あるいはこれらの人の身体の障害若しくは疾病により入院して医療費（医療費控除の対象となるものに限ります。）を支払ったことに起因して保険金や共済金が支払われる損害保険契約等に基づき、あなたが本年中に支払った保険料や掛金をいいますから、損害保険会社等が発行した証明書類などによって、控除の対象になるものかどうかを確認してください。

○ 改善例

　損害保険料控除の対象となる保険料とは、下記①～③を対象とした傷害保険、火災共済契約に基づき、本年中に支払った保険料や掛金に限られます。

　控除対象に該当するかどうか、保険会社等が発行する証明書などで確認してください。

①あなた又はあなたと同じ家計で生活する親族の家屋で、常時居住しているもの。

②これらの人の生活で通常必要な家財。

③これらの人の障害、疾病による入院医療費（医療費控除の対象となるものに限ります）。

素人には知りえない深い事情でもあるのでしょうか。

サイズ制限を順守した表現は、脳にとっては、喉ごしのよい冷えた生ビールのようなものでしょう。グイグイと飲め、どんどん吸収されていきます。

一方、サイズ制限違反の表現は、大きすぎて喉にひっかかるお餅のようなものでしょう。情報のスムーズな進入を阻まれるのです。

情報の速度制限を順守する

いままでは情報のサイズ制限という表現を使ってきましたが、さらにそれを単位時間当たりの情報運搬サイズと考え、「情報伝達速度」の制限と考えてもよいでしょう。

そうです。ある速度制限を超えても情報伝達はうまくいかないのです。

ビール瓶に水を注ぐと考えてみましょう。瓶の口の大きさ（すなわち一次記憶域のサイズ）制限以上の速度で水（すなわち情報）を注いでも瓶に入りません。

こんなときには漏斗《じょうご》が必要です。漏斗を使えば、瓶の口が決める速度制限を守りながら、どんどん水を流し込むことができます。

3-19　どっちが覚えやすい?

✕ 違反例

○ 改善例

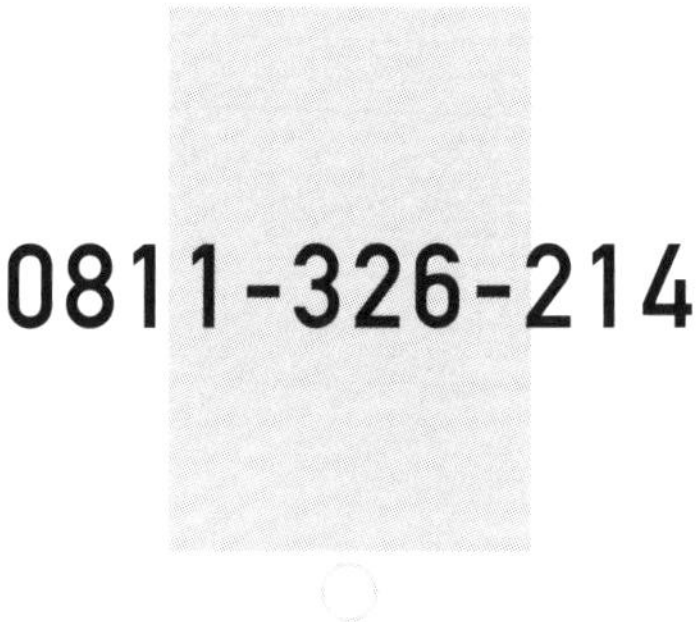

先ほどの損害保険料控除の説明とその改善例で比較してみてください。例３－19も同じです。いずれも改善例の方が見やすい、覚えやすいのは、ハイフン（－）や句読点で区切られたひとかたまりの文や数字が、小さいからです。

こうした情報伝達の大きさや速度は、情報の「送り手」であるあなたが勝手に決めてはいけません。決定権は「受け手」にあることを忘れないでください。

聴衆の顔色に注意も払わず、一人、早口でしゃべる講演者のあなた、一ヵ所に大量の道路標識を設置し、通過するドライバーがすべてを瞬時に理解することを想定している自治体当局者のあなた、プレゼンの一枚のスライドにゴチャゴチャと大量の情報を詰め込んでしまい、聴衆が混乱していることに気づかないあなた、ビール瓶の口のサイズを無視して、やみくもに大量の水を注ぎかけるようなことは、もうやめて、次のルールを守りましょう。

ルール❼

情報のサイズ制限を守れ。

犯人 08 欲張り

限られたスペースにどれだけ盛り込むか

さきほどは、単位当たりの情報サイズを問題にしました。しかし、いくらこのサイズを適正にしても、伝えたい情報総量を欲張れば、やはり分かりにくくなってしまいます。つまり、情報発信のスペースそのものが限られている場合です。

限られたスペースにはいろいろな種類があります。一冊の本、一日のプレゼンテーション、一回のコマーシャル時間、一枚のポスター……などなど。**限られたスペースの中に、伝えたい情報をどれだけ盛り込むか、という選択が重要になります。**

例3-20（違反例）は、私が自分の本『日本人が英語をモノにする一番確実な勉強法』を校正していて気になった表現です。不要な詳細が混じっているだけではなく、大項目と小項目の混同もあります。

出版時には改善例のように、詳細（小項目）を隠すことによって、主張をより分かりやすく表現しました。隠した詳細は次のステップで別に説明すれば、混乱せずに理解で

3-20 要点の提示

✕ 違反例

- イディオムの知識
- 単語量
- 挨拶ができる
- 音を聞き分ける力
- 文法力
- 正しいアクセントの把握
- 口語表現力
- 英作文力
- 正しく発音できる
- 英文構造認識力

○ 改善例

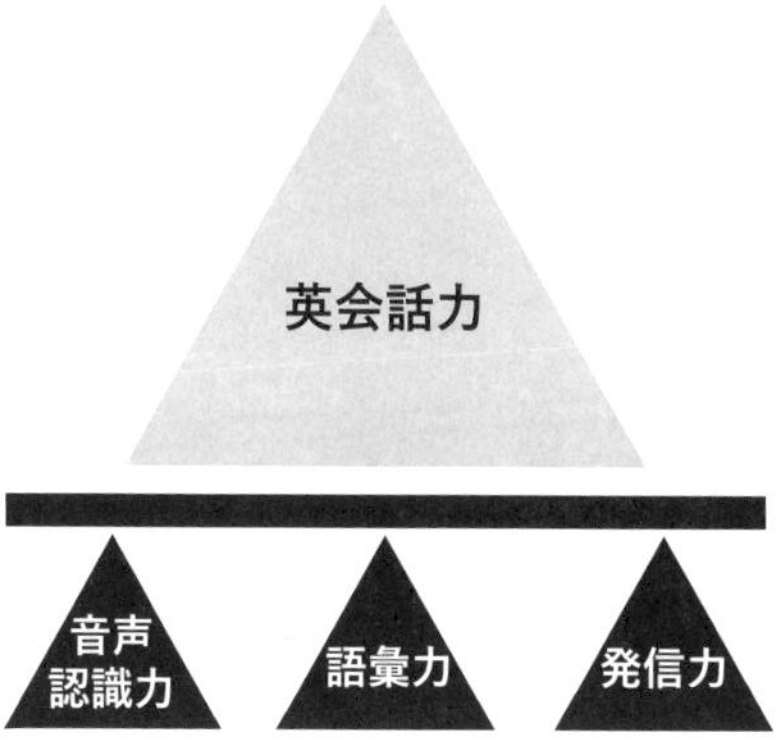

きるでしょう。広告でも同じです。テレビなら、たとえば一五秒間という時間的スペースで、印刷媒体なら一ページなどの空間的スペースで、消費者に伝えたい事柄はたくさんあります。

欲張りはすべてを失う

例3－21の違反例と改善例では、どちらが印象に残るでしょうか。ちょっと読んでみようという気にさせるのは、改善例のようなタイプの広告です。

メーカーの立場なら、伝えたいことは色々あるでしょう。たとえば、最新の安全装置が完備していること、環境問題が考慮されていて排ガスが欧州基準にも合致していること、燃費がよいこと、今なら一・五パーセントの特別低金利ローンが利用できること、静粛性が高いこと、パワーが同一クラス最高であること、UV（紫外線）カット・ガラスが使用されていること、新型エンジンを採用していること、などなど。

時間制限がなければ、全部を伝えられます。しかし、現実にはたとえばテレビなら一五秒間あるいは三〇秒間という制約があるわけです。そんな短時間に、伝えたい情報を

3-21　自動車の広告

✕ 違反例

7月20日・21日大試乗会
特別金利1.5%ローン実施中
HG準拠カーナビ標準装備
クラス最高の静粛性
GFPドイツ安全基準・金賞受賞
側面衝突基準T-FOOT対応
UVカット・ガラス標準装備
ダイナモ搭載パワー・エンジン

○ 改善例

「安全」という贅沢
日本車初!!
GFPドイツ安全基準・金賞受賞
特別金利 1.5%ローン実施中
7月20日・21日 大試乗会
●HG準拠カーナビ標準装備／●クラス最高の静粛性
●側面衝突基準T-FOOT対応／●ダイナモ搭載パワー・エンジン

全部押し込んでしまったら、結局、よく分かってもらえないでしょう。

これが**「欲張り」による失敗**です。一枚のポスターで表現できる適正量、コンピューターのメニュー・バーで提示できる選択肢の適正数、一文の適正の長さ。みな同じです。当然、全部を押し込むことが無理となれば、あとは取捨選択です。

普通、このような場合**「要点」と「詳細」に分け、とりあえず詳細は捨てます。**欲張りの誘惑に負けて全部の情報を押し込んでしまうと、結局、ゴチャゴチャして分かりにくくなり、すべてが失われてしまいます。川面に映った自分がくわえた肉をほしがり、吠えかかって肉を落とした、イソップ物語の犬のように、欲張って「元も子もなくす」状態です。

そこで次のようなルールができます。

ルール❽

欲張るな。場合によっては詳細を捨てよ。

犯人09　具体性に欠ける

郵便ポストと選挙の候補者の共通点

郵便ポストに二つの投函口がつくようになったのはいつの頃からでしょうか。初めのうちは122ページ例3－22（違反例）のような表示がついていました。

「その他の郵便」という表現は抽象的です。たとえば速達（封書でもはがきでも）は、どちらの投函口でしょうか。海外への手紙はどちらに入れるのでしょうか。

幸いにも、現在では改善例のように具体例があげられています。

123ページ例3－23（違反例）は、私の友人の勤務先で経理管理部門から各部門へ配布された通達です。この本のネタになるだろうと見せてくれました。

友人の会社ではこの文書が配布されるやいなや、基準があいまいだと物議をかもしたそうです。なるほど「費用が著しく大きい場合」とは、一体どんな場合を指すのかあいまいです。「事務機器」というのも範囲が不明確です。

たとえば改善例のように、数値や具体例を示せば少しは明確になったのではないで

3-22　ポストの投函口

違反例

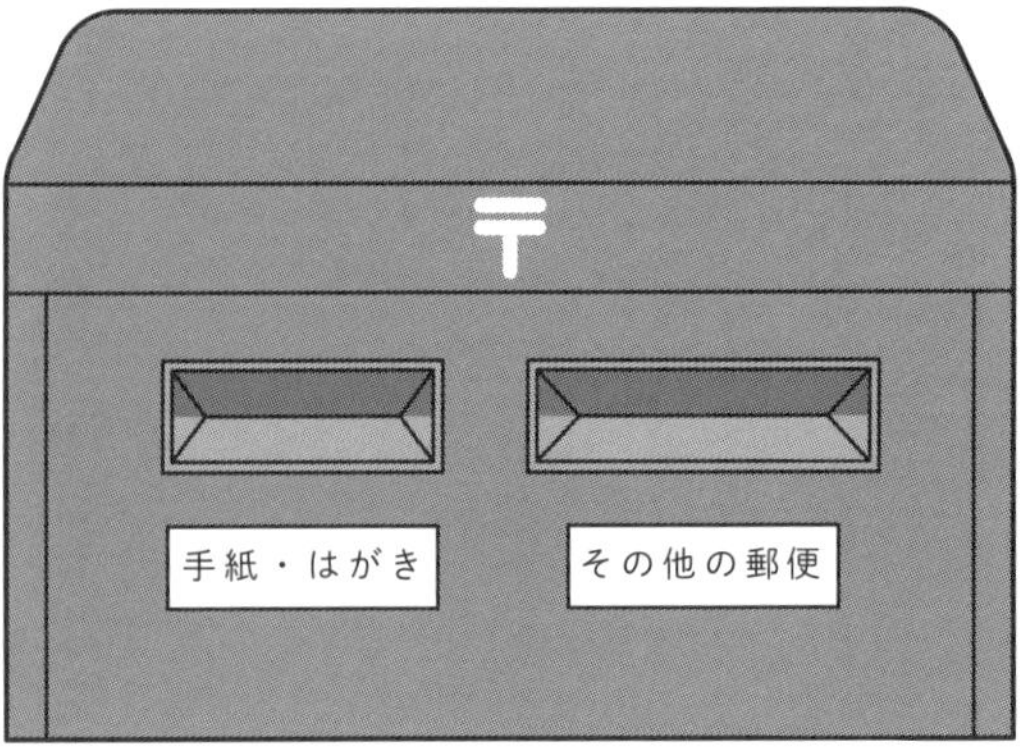

改善例

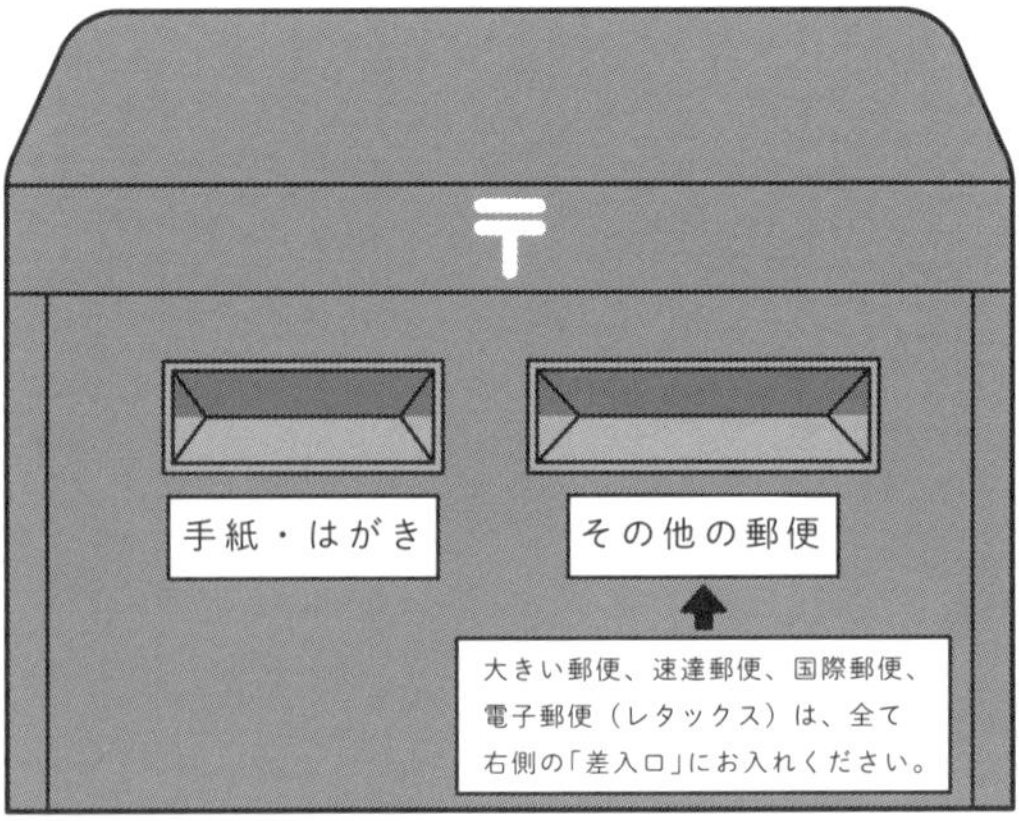

3-23　社内通達文書

✕ 違反例

・・・・・・・・・・・・・・・・・・・・・・・・・

尚、費用が著しく大きい場合を除き、社員は、直属上司の承認のみで、事務機器の購入をすることができる。・・・・・・・・・・・・・・・・

・・・・・・・・・・・・・・・・・・・・・・・・・

○ 改善例

・・・・・・・・・・・・・・・・・・・・・・・・・

尚、一回の費用が７万円を超えない場合、社員は、直属上司の承認のみで、プリンター、スキャナー、モバイル機器、デジタル・カメラ等の事務機器を購入することができる。・・・

・・・・・・・・・・・・・・・・・・・・・・・・・

しょうか。

選挙のたびに聞かされる政治家の主張も意味不明です。郵便ポストの差入口の説明のように、具体的になるといいのですが。もっとも候補者にしてみれば、選挙に勝つために必要なのは、具体的な政策ではないのかもしれません。

なぜ「抽象的」は分かりにくいのか

よく「抽象的で分からない」とか「分かりにくいので、もう少し具体的に言ってもらえますか？」などと言います。

抽象的とは、講談社の『国語辞典』によれば、「①とらえどころがなく、はっきりしないさま。実際の用途・便役からはなれているさま。②抜き出した共通な性質を総合して、本質的、一般的な面だけをとりあげるさま」とのことです。

一方、具体的とは「①実際に形をそなえ、役立つさま。②実際にあるさま。知覚できるものとしてあるさま」という意味になります。

この説明からも、私たちが日常的に受け入れている「抽象的＝分かりにくい」「具体的＝分かりやすい」という考えに合点がいきます。「抽象的ですね」と言われたら、普通は、けなされていると感じ、ほめられているとは思わないわけです。

ところで、なぜ、抽象的だと分かりにくく、具体的だと分かりやすいのでしょうか。

さきほどの辞典の定義を大胆に言い換えると、**抽象的とは、「分類名」で語ることをいい、具体的とは、その分類内の「構成要素」で語ることをいいます。**

たとえば「動物が好きです」というのが抽象的で、「犬が好きです」というのが具体的です。「犬が好きです」をもっと具体的にすれば「柴犬が好きです」となります。「動物」は分類名で、「犬」は、その中の一構成要素です。また、同様に「犬」を分類名と考えれば「柴犬」は、その中の一構成要素です。

つまり抽象的表現が分かりにくい理由は、分類名で語っているため、範囲が広すぎるからです。「乗り物が好きです」（抽象的）という表現と「大型豪華客船が好きです」（具体的）という二つの表現を比較すれば、前者のほうが分かりにくい理由が明白になります。**「抽象性の分かりにくさ」とは、「範囲の不確定」**なのです。

これでルール９ができます。

ルール❾

具体的な情報を示せ。

犯人10 重みづけの欠如

「重みづけ順位」一位はなにか

第1章で紹介したCD－ROMをもう一度見てみましょう。

市販のソフトを自分のパソコンで使うには、たいていセットアップまたはインストールと呼ばれる作業をさせられます。複数枚のCD－ROMでインストールする場合、その作業の途中、画面上で「X枚目のCD－ROMをセットしてください」という類の指示が表示されます。

この場合、普通は番号順に進むことが多いので、CD－ROMなどをあらかじめ番号

3-24　CD-ROMの番号は?

×　違反例

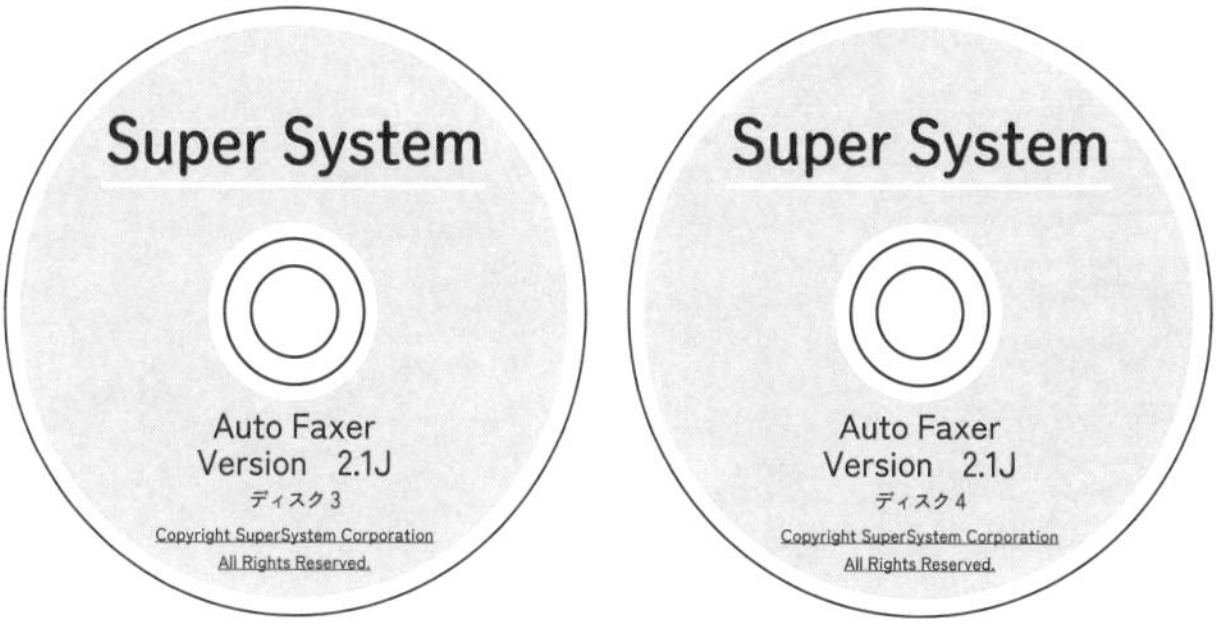

○　改善例

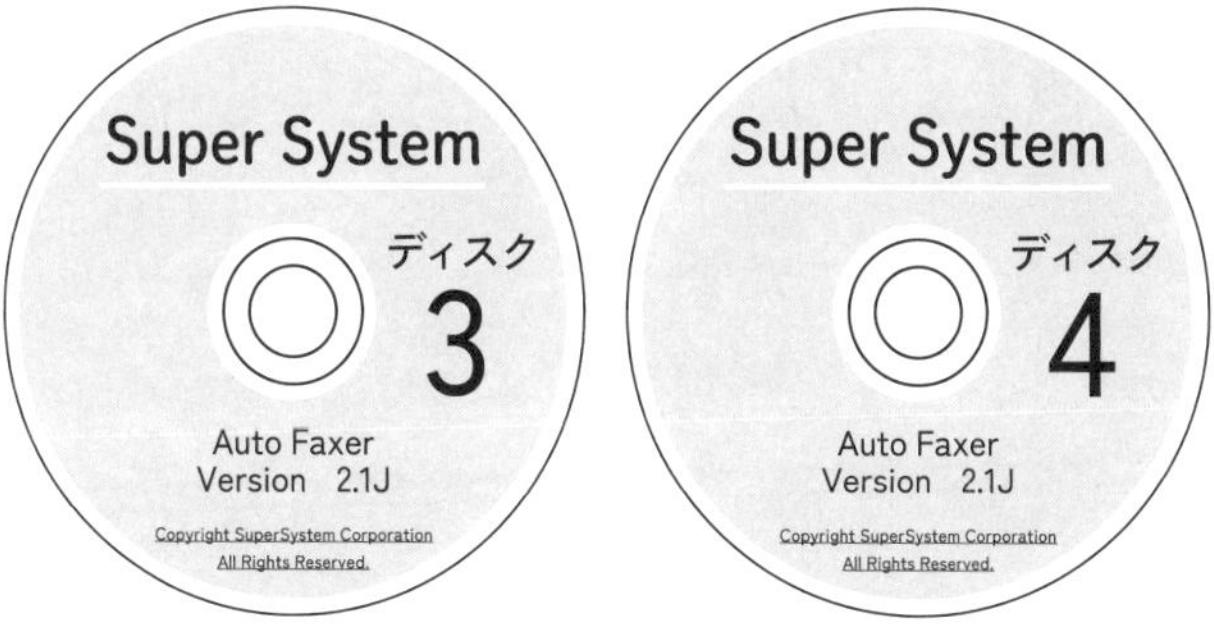

順に重ねて用意しておけば、とくに問題はありません。ただ、貼ってあるラベルを見ながら、CD-ROMの番号を確認しておく必要はあります。

また何らかの理由で、番号が先に飛んでいるCD-ROMのセットを指示されたりすることもあります。このときも、CD-ROMに貼ってあるラベルを見ながら、指定された番号のCD-ROMを探すことになります。

その場合、バラバラに散らかっているCD-ROMから目的の番号のものを見つけるのは、127ページ例3-24の違反例と改善例のどちらが容易でしょう?

答えは明らかです。この違いは、どこから来るのでしょうか。

CD-ROMのラベルには、番号の他にも、商品名、企業名、著作権表示、発売日、バージョン表示など、もろもろの情報が書かれています。しかし、ユーザーがラベルからどんな情報を得ようとしているかの統計をとったら、CD-ROM番号が一位でしょう。それも二位以下を断然引き離して。

つまり、CD-ROM番号の情報としての**「重みづけ順位」**は断然一位なのです。

ところが例3-24（違反例）のラベルで、CD-ROM番号はその一位の地位にふさわしいVIP待遇を受けているでしょうか。ひとめではCD-ROM番号が分からないのです。

改善例はCD-ROM番号という情報に、その重みづけ順位一位という地位にふさわしい特等席を与えました。

価値の高い情報をVIP待遇にする

情報には重要度の高いものと低いものとが混在しています。その場合、重要度の高いものと低いものとに、情報伝達のチャンスを同じように与えるのは**悪平等**という誤りです。

情報伝達のチャンスとは、たとえば、情報を伝えるために必要な時間、文字数、文字の書体やサイズなどです。これらは情報伝達のために消費されるいわば資源です。**大切な資源を、より価値の高い情報に優先的に使おう**という意見には、賛成していただけるでしょう。

一〇分間で何かを説明する場合、重要な話のために一分間だけ使い、どうでもよいことの説明に九分を使うとしたら、非常にバカげた、もったいない話でしょう。

たとえば、カメラというものをまったく知らない人に一〇分間でカメラを説明する場合「目で見えている映像を紙の上に転写できる」という話を一分程度ですませ、残りの九分で「フィルム材質と光感度の関係」の話をする人がいたら、その人は説明ベタな人です。

このように、時間という資源で考えると当たり前な話に聞こえます。ところが時間以外の資源、たとえば「目立ちやすい場所」「紙上のスペース」「文字の書体・サイズ」などでは、これらの資源が重要度の高い情報に優先的に割り当てられていない説明ベタは、結構多く見られます。

重みづけを受け手に知らせる一つの方法は、重要なものと、それほど重要でないものとを分けて、**重要でないものはとりあえず隠すこと**です。

例3−25（違反例）は、ある電気製品の取扱説明書です。

膨大にある機能がすべて等しく重要ということはありません。したがって、それらをすべて同等に一冊の取扱説明書にまとめる必要はないのです。

改善例のように、重要でない詳細機能の説明は、別冊『応用編』にして、普段使う『基本操作編』から隠してしまえばよいのです。

3-25　電気製品の取扱説明書

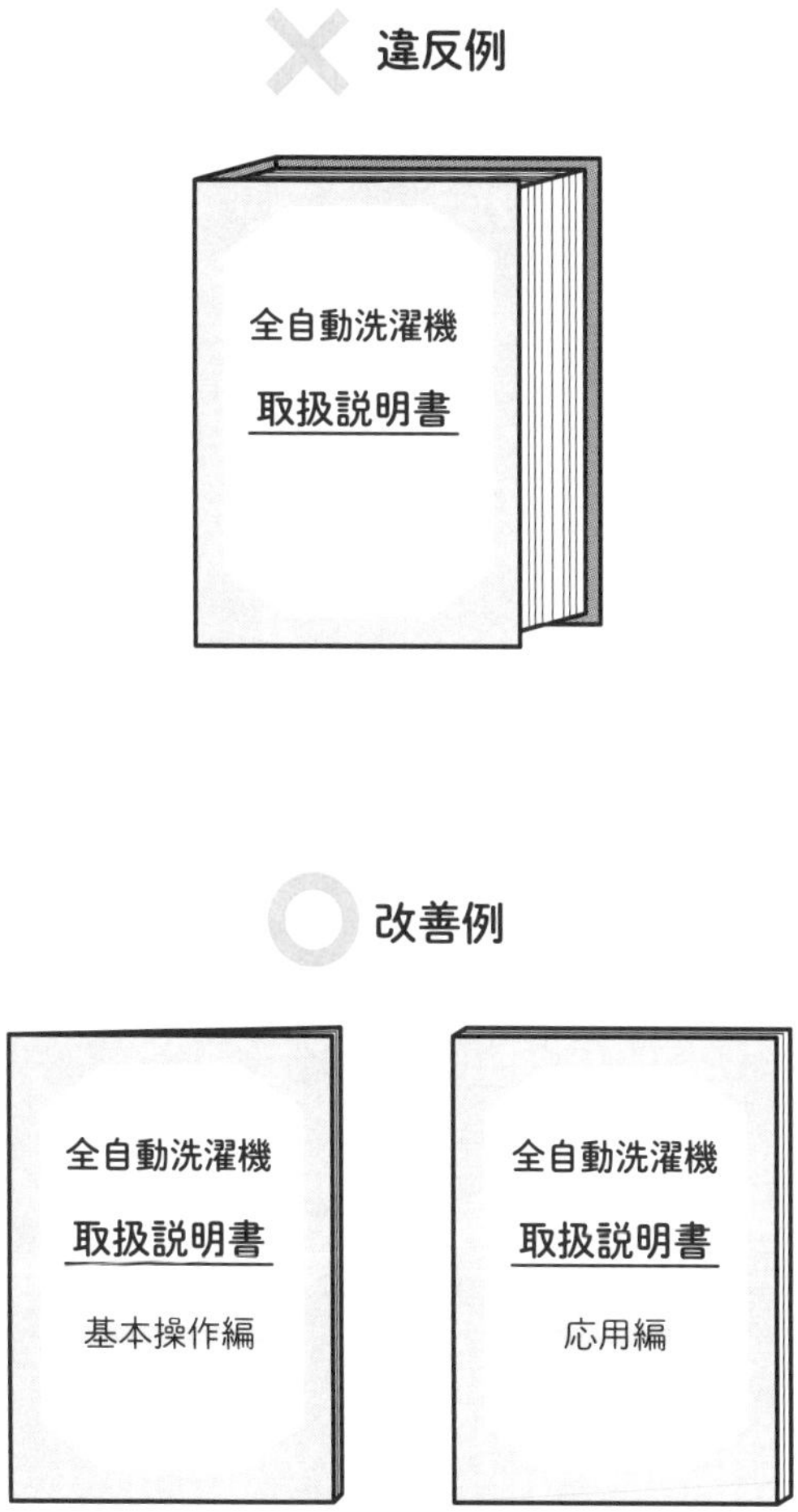

メールの特等席はどこ？

さきほどCD-ROMラベルの例で「特等席」ということばを使いました。特等席と言えば、メールなどでは、必ず読んでもらえる文頭が特等席ということになります。また、逆に文末も、読んだ後、印象に残りやすいので、一等席と同じくらいに位置づけされるでしょう。文頭、文末以外は、二等席以下です。

したがって、**情報の重みづけという観点からは、大切な情報、要点を文頭や文末に置くというのが基本原則**になります。

情報の重みづけを忘れて、どうでもよい情報に文頭という特等席を与えたり、逆に、きわめて重要なポイントに二等席を与えたりすると、要点が見えない、分かりにくいメールになります。

とくに業務メールの場合、その要点、つまり、このメールは何を述べるのかを文頭に書いておくことはきわめて重要です。書いておけばルール5の「まず全体地図を与えよ（主題の事前提示）」の効果もあります。

また主題が文頭に置かれているメールは、ムダな情報に時間を割きたくない忙しいビ

3-26　NTTからのお知らせ

✕ 違反例

電話番号の非通知方法を次の２つのうちから、どちらか１つお選びください。

通話ごと非通知

相手の電話番号の前に184をつけてダイヤルすると、その通話に限り電話番号を通知しません。

回線ごと非通知

お申し出いただいた回線からの全ての通話について、電話番号を通知しません。ただし、相手の電話番号の前に186をつけてダイヤルすると、その通話に限り電話番号を通知します。

ジネスパーソンにとって、非常にありがたいものです。そのメールを読むことが自分にとって必要かどうかが冒頭で早めに分かるので、必要のないメールを読んでしまう時間の損失を最小限に食い止めることができるからです。

これは、まず新聞の見出しを見て、読む必要のない記事は飛ばしていけることと同じです。

▼差異率という指標

重みづけを受け手に知らせるもう一つの方法は「差異率」を高めることです。

差異率とは私の造語で、情報全体に対す

る「異なる部分」の割合を言います。

たとえば第1章でも紹介したNTTの通知（133ページ例3-26）が「分かりにくい」理由は、ルール2違反の「特殊用語の乱用」の他に、この差異率を無視しているためでもあります。

NTTが問い合わせている二つのことば、**「回線ごと非通知」**と**「通話ごと非通知」**の差異は、**「回線」**と**「通話」**だけですから、二文字分です。

一方、全体ではそれぞれ七文字です。したがって、この二つのことばの差異率は七分の二、すなわち、二九パーセントということになります。

両者の区分に貢献しているのはこれだけです。残り七一パーセントの五文字「ごと非通知」は共通ですから、二つを区別することに貢献しないどころか、混同させることに貢献しているのです。

これをたとえば、**「守秘優先式」**と**「番号通知式」**にしたらどうでしょうか。今度は、差異率は五分の四ですから八〇パーセントとなり、二つを見分けることがずっと容易になります。

▼異なった部分を強調する

見分けることが必要な場合、「異なっている部分」が重要になります。
その部分の重みづけを増すには、なんらかの方法で、その差異部分を強調すればよいわけです。**「大きいフォント、書体を使う」「太字にする」などが有効なのも、結局は、差異率の増大に貢献しているから**です。

127ページの例3−24のCD−ROM・ラベルの例に戻って考えてみましょう。何枚目のCD−ROMかを表すディスク3やディスク4の面積が、差異率を決めることになります。この差異率という概念で、違反例と改善例とを見比べてください。

136ページ例3−27は、新聞のページ数と版数の例です。ページ数を探している人には、すぐそばに表示された版数がジャマです。幸い最近では改善例のようになり、分かりやすくなっています。

137ページの例3−28は、東名高速の二つのインターチェンジの名前で、差異率は五〇パーセントです。標示が瞬時に分からなければならない高速道路では、好ましい比率ではありません。

✕ 違反例

（13）　11版　××××年（令和●年）　10月16日

捕手の役

楽天・野村監督が侍JAPANに辛口エールを送った。メンバー落ちした西武・細川を正捕手に推していたノムさんは城島のリードを不安視。「キャッチャー城島で勝つ条件は第2戦みたいな（大差の）展開になること。接戦になったらダメだね」と不吉な予言を口に

○ 改善例

13　11版　××××年（令和●年）　10月16日

捕手の役

楽天・野村監督が侍JAPANに辛口エールを送った。メンバー落ちした西武・細川を正捕手に推していたノムさんは城島のリードを不安視。「キャッチャー城島で勝つ条件は第2戦みたいな（大差の）展開になること。接戦になったらダメだね」と不吉な予言を口に

3-28　紛らわしいインターチェンジ名

違反例

3-29　3つの路線に7つの「浦和」

違反例

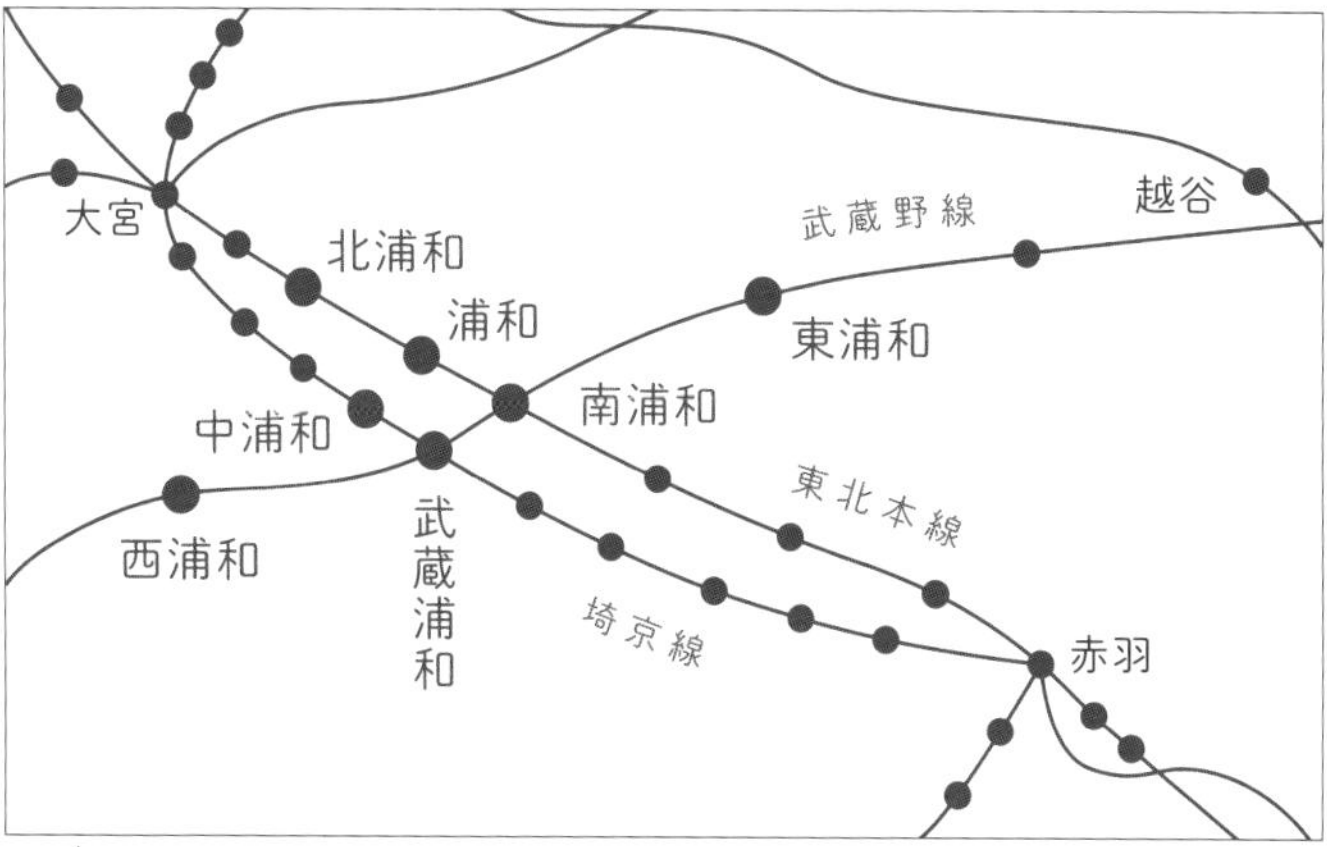

高速道路を走るのは地元のドライバーだけではありません。遠方から来て、降りたいインターチェンジの名前を「横浜なんとか」と、うろ覚えのドライバーは、迷ったり、間違ったインターチェンジで降りてしまう可能性が大きくなります。

地名表示には「分かりやすい表現」の観点からは首をかしげるものがしばしば見受けられます。地元の複雑な利害がからむのでしょうか。

137ページ例3-29は時刻表に載っている首都圏の索引地図の一部分です。何と、接近した三つの路線に七つの「浦和」があります。はるばる「浦和の叔父さん」をたずねて来て、違う「浦和」に降りてしまった人が一年間で何人になるか、JRは調べてみる必要があるのではないでしょうか。

こうしてまた一つ、ルールができました。

ルール⑩

情報に優先順位をつけよ。

犯人 11 共通項でくくらない

情報の構造を明らかにする

くどいようですが、またまた第2章を思い起こしてください。「分かりやすい情報発信とは、情報をあらかじめ整理してから送ること」でした。あるいは「分かりやすい」とは「すでに持っている情報構造と照らし合わせやすいこと」とも言えました。

脳内整理棚には、「構造A」「構造B」などというラベルがついた構造別の区画があり、新しく入ってきた情報は、その構造によって分類され、該当する区画に入れられて「分かった！」となります。

そこで、新しい情報があらかじめ整理されて、その構造がひと目で分かるように明示されていれば、区画のラベルとの照合作業が簡単になるわけです。

つまり**「分かりやすい」のためには「情報構造の明示」が重要**なのです。

情報構造を明示する手法にはいろいろあります。

ざっとあげると**「因数分解」「対比関係の明示」「包含関係（親子関係）の明示」「視覚特性の重視」**です。これらを順に紹介していきましょう。

情報の因数分解

例3-30は、雑誌で見かけたダイエットのポイントです。これでも役に立つかもしれませんが、「分かりやすい」にうるさい私が書くとしたら改善例のようにするでしょう。

同じ会社の事務機製造部門の友人に「身の回りで、何か分かりにくいものがあったら送ってほしい」と電話で頼んだら、四日ほどして社内便の封筒が届きました。開けてみたら部品業者との契約文のコピーでした（142ページ例3-31）。

「分かりにくい」というよりも「まだ整理の余地を残している例」として紹介することにしました。改善例を見ると、やはり、こちらのほうがスッキリしているでしょう。

3-30　ダイエットのポイント

✕ 違反例

[ダイエット大作戦]

1. 食事は腹８分目。
2. 蛋白質摂取量を減らさない。
3. ビタミン摂取量を減らさない。
4. カロリー制限は主に脂質、糖質で行う。
5. 極端に空腹にならないようにする。
6. ゆっくり食べることで、かえって早く満腹感が得られる。
7. 過激な運動は避ける。
8. カロリー消費のための運動は 20 分以上の持続時間が必要。
9. 筋力強化の運動は基礎代謝量を増やし、非運動時にもカロリー消費できる。
10. 運動後の水分補給が大切。
11. 運動後の電解質の補給が大切。

○ 改善例

[ダイエット大作戦]

1. 食事のポイント

＊食事は腹８分目。
＊極端に空腹にならないようにする。
＊ゆっくり食べることで、かえって早く満腹感が得られる。
＊じゅうぶんな栄養素をとる。
　ー蛋白質摂取量を減らさない。
　ービタミン摂取量を減らさない。
＊カロリー制限は主に脂質、糖質で行う。

2. 運動のポイント

＊過激な運動は避ける。
＊カロリー消費のための運動は 20 分以上続ける。
＊筋力強化の運動は普段のカロリー消費も増やす。
＊運動後の補給が大切。
　ー水分
　ー電解質

3-31　ある契約書

✕ 違反例

・・・・・・・・・・・・・・・・・・・・・・・・・・・・・

不良率が納品総数の25分の1、または、発注総数の25分の1に達した場合、直ちに甲は乙に返品することができ、・・・・・・・・・・・・・
・・・・・・・・・・・・・・・・・・・・・・・・・・・・・

○ 改善例

・・・・・・・・・・・・・・・・・・・・・・・・・・・・・

不良率が納品総数、または発注総数、いずれかの25分の1に達した場合、直ちに甲は、乙に返品することができ、・・・・・・・・・・・・
・・・・・・・・・・・・・・・・・・・・・・・・・・・・・

3-32 税務署の案内

✕ 違反例

年収500万円～700万円で自営業の方、及び年収500万円～700万円で給与所得の方は、5階受付で申告してください。

○ 改善例

年収500万円～700万円で、自営業または給与所得の方は、5階受付で申告してください。

「スッキリ」という点では、143ページの例3－32の違反例と改善例のほうが対比が際立っています。

税務署で見た貼り紙です。金額範囲などはうろ覚えなのですが、改善例では「年収五〇〇万円～七〇〇〇万円」の繰り返しを消しました。

以上、三つの例でスッキリを実現した手法は**共通項でくくる「因数分解」**です。

因数分解といえば、誰もが遠い昔に数学で習った ab＋ac＝a（b＋c）を思い出すでしょう。

共通項でくくるというのは、まさにこの因数分解です。この式の左辺と比べて右辺がスッキリしているのは、右辺のほうが整理されているからです。

情報も因数分解すれば分かりやすくなるのです。

左辺では、bとcという二つの値に、それぞれ同じaという値を掛け算しています。つまり二回、掛け算されています。右辺ではこの掛け算が一回に減っています。同じことを繰り返すムダが取り除かれているわけです。

情報の因数分解とは「ムダを排除する」という意味で、言い換えると**「情報の構造を極限まで単純化する」こと**なのです。

雑誌のダイエットの要点や税務署の案内は、共通項でくくらず整理されていない表現、すなわち因数分解されていない情報です。各項目の中から共通因子をカッコの外に出す因数分解をしてみましょう。そうすると改善例のようになるわけです。

これも「分かりやすい表現」のルールになるでしょう。

ルール⓫

情報を共通項でくくれ。

犯人12　相互関係を明示しない

対比関係を明らかにする

対比関係の明示とは、**相対応する同等な項目をひと目で分かるように明確に示すこと**

✕ 違反例

〝neither〞で二つの単語を結ぶ場合、接続詞は〝or〞ではなく〝nor〞を使う。したがって、〝Neither you or I am responsible for it.〞は誤り。また、動詞は、〝nor〞で結ばれた二つの主語のうち後者に一致させる。したがって、〝Neither you nor he have seen her lately.〞は誤り。

○ 改善例

誤：Neither you ***or*** I am responsible for it.

正：Neither you ***nor*** I am responsible for it.

（Neitherには、接続詞norを使う。）

誤：Neither you nor he ***have*** seen her lately.

正：Neither you nor he ***has*** seen her lately.

（動詞は直前の主語に一致させる。）

3-34　NTTからのお知らせ

✕ 違反例

電話番号の非通知方法を次の２つのうちから、どちらか１つお選びください。

通話ごと非通知

相手の電話番号の前に184をつけてダイヤルすると、その通話に限り電話番号を通知しません。

回線ごと非通知

お申し出いただいた回線からの全ての通話について、電話番号を通知しません。ただし、相手の電話番号の前に186をつけてダイヤルすると、その通話に限り電話番号を通知します。

○ 改善例

電話番号の非通知方法を次の２つのうちから、どちらか１つお選びください。

番号通知式

- 普通にダイヤルした場合、電話番号は通知され**ます**。
- 相手の電話番号の前に**184**をつけてダイヤルすると、その通話に限り電話番号を通知**しません**。

秘守優先式

- 普通にダイヤルした場合、電話番号は通知され**ません**。
- 相手の電話番号の前に**186**をつけてダイヤルすると、その通話に限り電話番号を通知**します**。

✕ 違反例

「か」と表示されているときは、入力文字が「ひらがな」になります。「カ」と表示されているときは、入力文字が「カタカナ」になります。「英」と表示されているときは、入力文字が「英数字」になります。

○ 改善例

表示	入力文字
「か」	ひらがな
「カ」	カタカナ
「英」	英数字

です。因数分解同様、情報構造を明示する重要な一手法です。

「ハッキリさせる」ことを意味する言い回しに「白黒をつける」というのがあります。白黒をつけるとコントラスト（対比）が明確になり「分かりやすい」からです。項目の対比関係を明確にすると、受け手は、それだけ、情報の構造を理解するのが楽になります。

１４６ページの例３－33は英文法の説明です。改善例ではグループ分けをし、それぞれ対応するグループでまとめ、さらにポイントとなる語を強調しています。これによって、グループ相互のコントラストが際立ってきます。

また１４７ページ例３－34は、何度か触れたＮＴＴのケースです。これも改善例では対比関係を明らかにしています。

いずれも改善例のほうが分かりやすいのは一目瞭然です。例３－35のワープロの説明書も同様です。どの違反例も対比関係を明確にしていないので、ゴチャゴチャしています。**受け手の「どういう構造かな？」という分析作業を、すべて丸ごと受け手に押しつけています。**

これに対して改善例では、対比関係を明確にし、受け手が行う構造分析という作業をある程度事前にすませてあるのです。**表現者が汗をかけば、その分だけ閲覧者は汗をかかないで済むのです。**

たとえて言えば、違反例は散らかし放題の部屋を初めから片づける苦労です。改善例は、すでに大物の片づけがすんでいる部屋で、あとは掃除機をかけるだけでよいのです。対比関係を明示するにはいろいろな手法があります。たとえば、次の二つの文章を比較してみてください。

❶ハッキリさせることを意味する言い回しに、白黒をつけるというのがあります。

❷「ハッキリさせる」ことを意味する言い回しに「白黒をつける」というのがあります。

❷は対比関係にあるものをカッコでくることで、より明確にしています。こんな簡単な配慮でも「分かりやすい」表現になるのです。

なお、コントラストとは、後で述べる視覚性のよさ、すなわち「見やすさ」にも大いに関係があります。ここで見た改善例は、すべて、見やすさを向上させたとも言えます。

3-36　ある医学書のもくじ

✕ 違反例

第３章　腰痛の治し方
痛み発生時
慢性腰痛の場合
体操療法
保存療法
医師との連携

第４章　手術を知る
手術の適応範囲
医師を選ぶ
手術後の生活
手術の限界

〇 改善例

第３章　腰痛の治し方

痛み発生時
慢性腰痛の場合
体操療法
保存療法
医師との連携

第４章　手術を知る

手術の適応範囲
医師を選ぶ
手術後の生活
手術の限界

親子関係を明らかにする

これは言い換えると、**大項目、中項目、小項目を明示すること**です。この説明には多くの語数を必要としないでしょう。

対比関係同様、分類の親子関係（すなわち包含関係）が明確に示されると、受け手の構造理解は楽になります。対比関係が横方向の整理なら、親子関係は縦方向の整理です。

151ページ例3-36は、ある医学書のもくじです。これでは、たとえば「手術を知る」という項目が第四章の分類名なのか、それとも、その中の一構成要素なのかが不明確です。改善例のようにすれば親子関係が明らかで、あいまいさがなくなります。

繰り返しますが「分かりやすさ」の秘訣は、手をかえ品をかえ、とにかく**受け手の情報構造分析を事前に手伝ってあげること**です。そして情報構造分析を手伝ういちばん手っとりばやい方法が、送る情報の構造をできるだけ明示することなのです。

したがってルール12は、対比関係と親子関係をまとめて、次のようになります。

ルール⑫
項目の相互関係を明示せよ。

犯人13 視覚特性の無視

「見分けやすさ」を追求する

視覚的な「見やすさ」は、「分かりやすさ」に直結します。どんなに情報構造を整理、単純化しても、見にくい表現では、当然、分かりにくくなってしまいます。

ここでいう見やすさとは「見分けやすさ」です。見分けるとは「グループ分けが見える」ことで、「情報構造が明示されていること」と、ほとんど同じ意味です。したがって、**見やすくするには、グループ分けがよく見えるように工夫すればよい**のです。

154ページ例3‐37（違反例）は東京の地下鉄永田町駅の案内板で、どこの駅でも

3-37　南北線へはどっち?

違反例

改善例

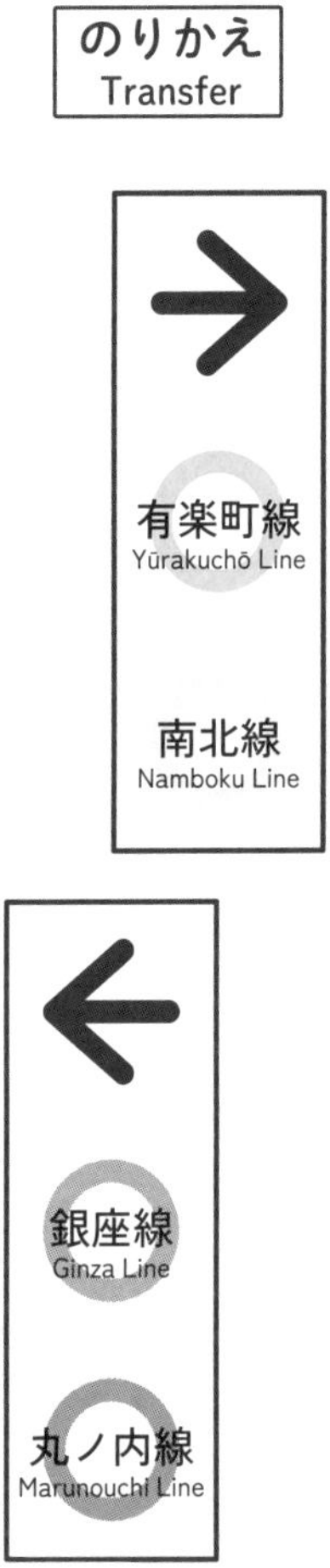

3-38 13番の写真はどれ?

× 違反例

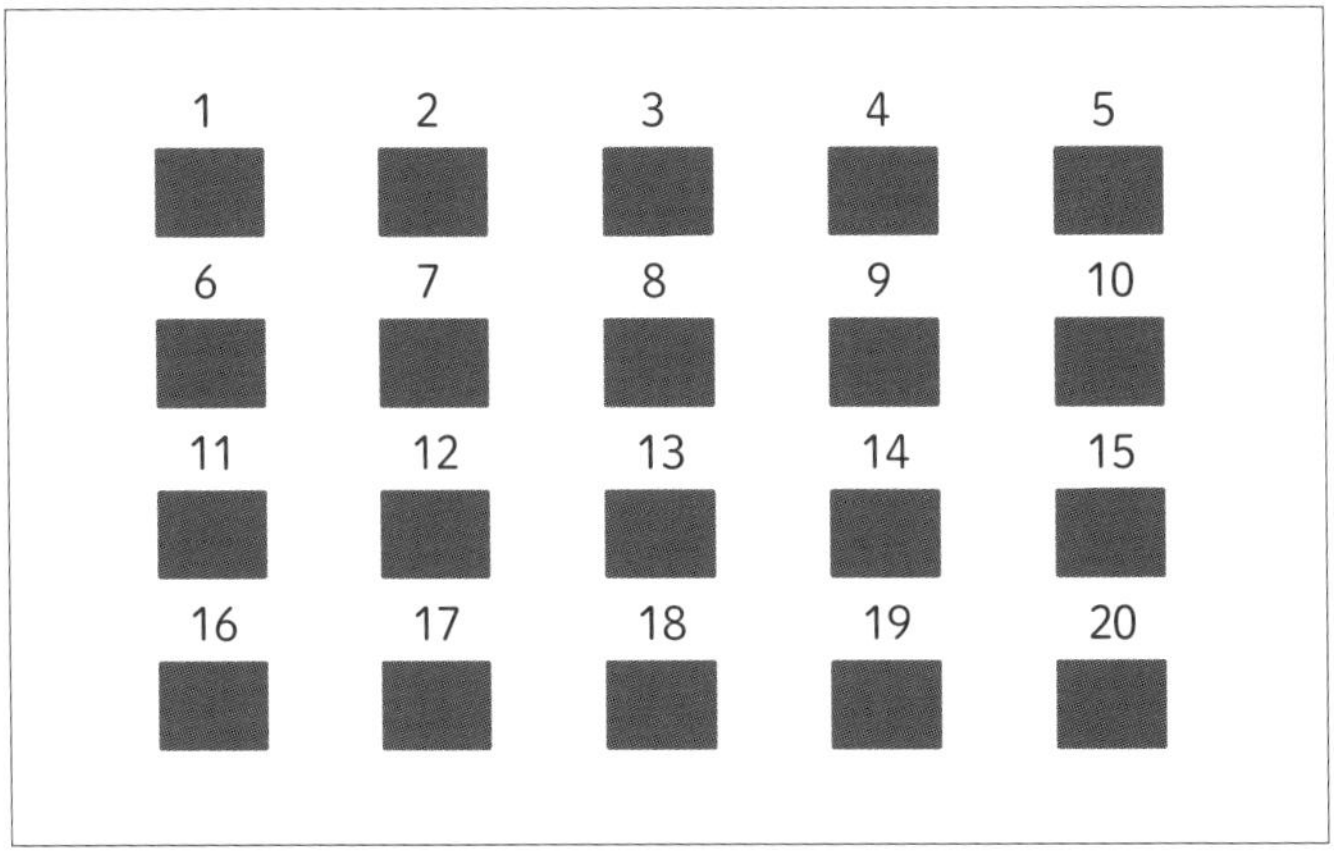

○ 改善例

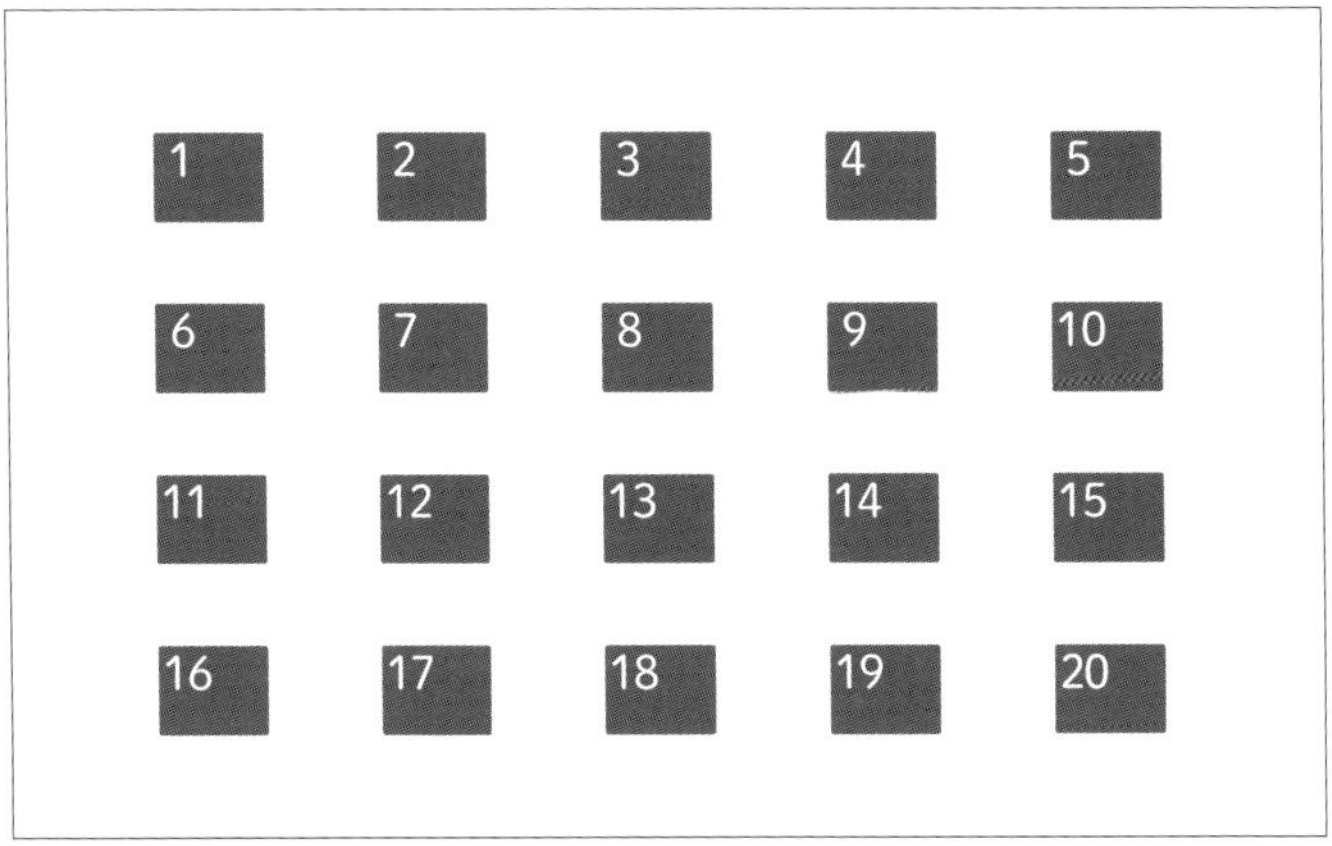

よく見かける例です。

初めて上京し、南北線に行きたい人の気持ちになってみましょう。右に行けばよいのか、左に行くのか。もし遅刻しそうで慌てている状況なら、南北線に近い矢印は左を指しているので、左方向に走り出したくなります。ところが冷静に落ち着いて案内板全体を見渡すと、上の「右へ行くグループ」と、下の「左に行くグループ」に分かれているらしいことに気づきます。南北線は遠い矢印の右行きグループに属しているらしいのです。しかし、冷静に観察しないと意図が伝わらない案内板は不合格品質です。第1章で紹介した「グループ分け不全症候群」なのです。改善例では、枠でグループ分けしてあるため、瞬時に南北線へは右に行くことが分かります。

第1章で紹介した新木場駅の案内板（20ページ例1－5）も、たった一本の線が入ることで、格段に見やすく、分かりやすい案内になったわけです。

ある複数枚のカードとその番号とを表示したものが155ページ例3－38です。たとえば13という数字が上のカードを指しているのか、下のカードを指しているのか、瞬時には分かりません。いちばん上の段、あるいはいちばん下の段を眺めて初めて「各カードの番号は、そのカード自身の上にある」という法則を把握できるのです。このよ

3-39 同僚からの伝言

✕ 違反例

田中さんがたとえ4時までに現れても、吉田さんからOKの電話が5時までに入らなかったら、お店にキャンセルを伝えておいて下さい。田中さんが4時までに現れなかった場合は、吉田さんの電話とは無関係に必ず、お店にはキャンセルを伝えておいて下さい。

○ 改善例

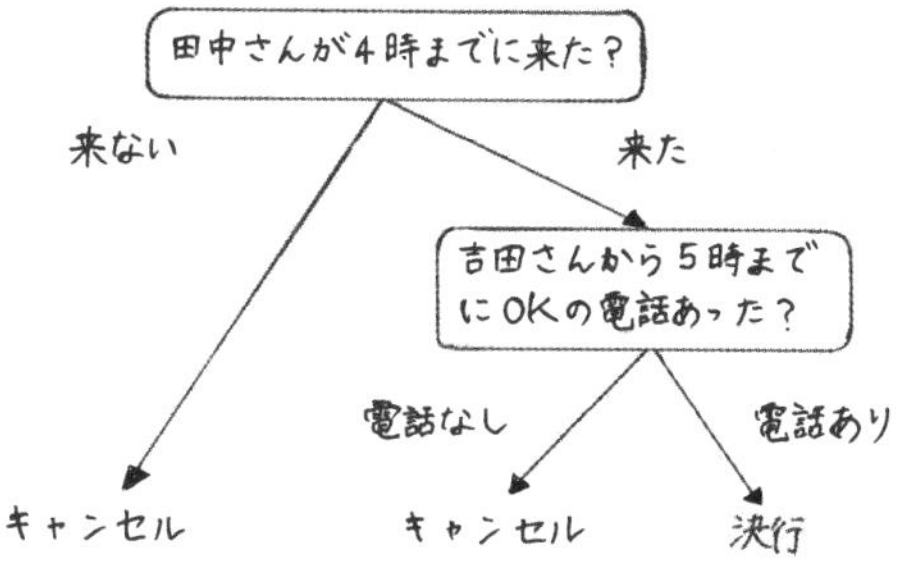

★キャンセルの場合、必ずお店への連絡お願いします。

うに「**魔の中間危険地帯**（どっちつかずの中間）」に標示すると、分かりにくくなります。改善例のようにすれば、瞬時にカードと番号の関係が把握でき、分かりやすいのです。

「場合分け」は図解する

157ページ例3-39は、同僚から渡されたメモです。飲み会の幹事をしていた同僚です。しかし読んだ私は、頼まれ事が即座には理解できず「何だこれは？」と思いました。そこで改善例を作ってみました。同じグループ分けでもこのような「場合分け」は、文章で表現するより、単純な図解のほうが、視覚効果で分かりやすくなるのです。**視覚効果を考慮することは「分かりやすい表現」の重要なポイントです。**

ルール⑬

視覚特性（見やすさ）を重視せよ。

犯人14 自然な発想に逆らう

赤い蛇口はお湯が出る

分かりやすい情報発信のためには、**受け手の自然な発想**を考慮することもきわめて重要です。

たとえば、初めて泊まったホテルの浴室に、蛇口が二つあります。お湯か水かの文字表示はありません。ただ、一方の蛇口には赤、他方の蛇口には青の印がついています。あなたが水を出したかったら、どちらの蛇口をひねりますか。

言うまでもなく、ほとんどの人は青の蛇口が水だろうと自然に発想します。青は水、赤はお湯と表示すると、法律で決められているわけではありません。学校で習ったわけでもありません。自然な発想にあわせて、そのような表示が広く社会で受け入れられているのです。

第２章で、「分かる」とは、新たな情報を、すでに持っている情報構造と照らし合わせ、脳の区分けされた整理棚に収めることだと述べました。自然な発想とは、この、すでに持っている情報構造なのです。「多分、この情報は、この区画だろう」という仮説が自然発想なのです。

したがって、なるべく、そのすでに持っている情報構造（自然発想）に近い形の情報のほうが、照合作業が楽になり「分かりやすく」なるのです。

日常生活のほとんどは、この自然発想にもとづいて営まれています。もしも先ほどのホテルで、赤い蛇口から水が出て、青い蛇口からお湯が出たら、フロントに苦情が殺到するでしょう。

また、たとえばレストランに行っても、私たちは一般化された一連の流れを知識として持っています。メニューから食べたい物を選んで、注文する。待っているとやがて注文した料理と、請求書がテーブルに届けられる。食べる。レジでお金を払う。店を出て行く……。

シャンクとアベルソンは、このような日常生活で当然のこととして予想、期待する一連の動きを、スクリプト（台本）と呼んでいます。また似たような概念で、49ページで紹介したパターーン認識は、スキーマと言います。

私たちはこうした一般化、抽象化された一連の流れ、すなわちスクリプト（台本）を二次記憶域の中に持っているのです。

新しい体験、情報がこのスクリプトに沿っていれば、それを「分かりやすい」と感じます。逆に、このスクリプトに一致しない場合、たとえばレストランに入ってテーブルに着いたとき「先に泳ぎますか、それともサルの餌を作りますか？」などと尋ねられれば、スクリプトにない新しい体験なので、理解不能に陥るのです。

このように「自然発想に逆らう」ことが起こると、整理棚内に該当する区画がないので、その事態をどう解釈してよいのやら、「分かりにくい」ということになります。

▼受け手に合わせた自然発想

しかし、何を当然と思うかは受け手が属する集団の文化にもよります。仮に「青＝お湯」が一般的な国があったら、「分かりやすい」表示は日本とは異なってしまうわけです。したがって、情報発信に際しては、受け手のプロフィールを決め、その受け手が何を自然と思うかを考える必要があります。たとえば、国産車なら、方向指示器レバーを右、ワイパー・レバーを左に付け、米国向け輸出車なら逆に、方向指示器レバーを左、ワイ

3-40　中国語講座のもくじ

✕ 違反例

中国旅游指南	〈月・火〉講師●●●●

第１課　はじめまして、どうぞよろしく ―― 10
第２課　中国語がお上手ですね ―― 18
第３課　タクシーに乗る ―― 26
第４課　ホテルのフロントで ―― 36

昨年度分の再放送です。

山本さん一家の中国アルバム	〈金・土〉講師●●●●

第１課　はじめまして ―― 46
第２課　こんにちは ―― 52
第３課　ありがとう ―― 58

○ 改善例

入門編　中国語　第一歩から

中国語　学び始めるまえに …… 6
4月 7日（月）第１課　四　声 …… 8
8日（火）第２課　単母音（1） …… 10
9日（水）第３課　単母音（2） …… 12
10日（木）第１週のまとめ …… 14
14日（月）第４課　子　音（1） …… 16
15日（火）第５課　子　音（2） …… 18
16日（水）第６課　子　音（3） …… 20

応用編　美香さんの中国留学記

4月 11日（月）第１课　唉，这不是王老师吗 …… 46
12日（火）第２课　好几年没见了，您还那么年轻 …… 48
18日（水）第３课　我离开日本那年，你上三年级吧 …… 50
19日（木）第４课　这次是公司派你来进修的 …… 52
25日（月）第５课　哪天到我家来吧 …… 54
26日（火）第６课　您家离学校不远 …… 56

パー・レバーを右に付けることと同じです。

例3－40（違反例）は、73ページの犯人４「大前提の説明もれ」でも紹介したテレビの中国語講座のテキストのもくじです。

そそっかしい私は、テレビ用テキスト（違反例）で、目的の『入門編コース』にたどりつくまで右往左往したと述べました。送り手にとって、どちらが入門編で、どちらが応用編かはあまりにも当然すぎることなので盲点になり、それに関する明確な説明がもれてしまった例でした。

さらに、この事例は「大前提の説明もれ」の単独犯ではなく、別にもう一つ、ここでのテーマ「受け手の自然発想に逆らう」こととの共犯なのです。

このテキスト（違反例）では入門編がテキストの後半に置かれ、応用編が前半に置かれています。このような本なら、「入門編が前」「応用編が後」と考えるのが自然ではないでしょうか。赤い蛇口からお湯が出るのと同じです。このテキストは、そんな受け手の自然発想を裏切っていたため、迷わされ続けたのです。

なぜ改善例（ラジオのテキスト）のようにできなかったのでしょうか。

消える駐車場

私の家の近くに大型ショッピング・モールがあります。休口に車でそのモールに行くと、モール内の大きな駐車場も満車のことが多いので、隣の公営駐車場ビルを使います。公営駐車場ビルとモールは隣接し、一本の連絡通路で結ばれています。

問題は、その連絡通路が、公営駐車場側では五階なのですが、モール側では四階になることです。公営駐車場から連絡通路を通る人々は「連絡通路は五階」と覚えながらモールに入っていきます。そこで、買い物を終えて公営駐車場に戻ろうとする人の多くは、モールの五階に行き、あるはずのない連絡通路を探してウロウロするのです。「駐車場ビルの五階にある連絡通路でつながっているなら、モールも五階だろう」というのが自然な発想です。**その自然発想を裏切っている**のです。

初めてこのモールに来た人は、公営駐車場に戻ろうとすると、ほとんど迷うのです。三年ほど前にモールに改善を申し入れたのですが、この本の執筆時点でも「公営駐車場への連絡通路は当店四階です」のような簡単な貼り紙一枚さえ見当たりません。簡単で安価な改善で、多くの大切なお客様をムダな迷いから救えるのにもかかわらず。

工業製品にも、この「自然発想を裏切るな」の原則は活かされています。

たとえばテレビのリモコンで「ボリュームを上げる」は上向き矢印のボタンを押し、「ボリュームを下げる」は下向きのボタンを押します。あるいはガス・コンロのバーナーと、そのバーナーの火力調節ツマミの位置を対応させ、バーナーが右ならツマミも右、バーナーが左ならツマミも左になっています。

次のルールも、とても大切なことがお分かりいただけたと思います。

ルール⑭

自然発想に逆らうな。

犯人15

受信順序を明示しない

順番が明示されていない説明書

よいガイドには、全体図と現在地の二つが大切でした。さてそれでは、その二つが分かっていれば、それでよいのでしょうか。

しばらく前、ちょっと大型のパソコンを買いました。配達されてきて、ワクワクしながら梱包を開いたら、中からどっと、バラバラな大量の取扱説明書が出てきたのです。そのときの惨状が例3-41です。

いったいどれから読んでいいのやら困りました。同じような経験をした方も多いはずです。

改善例のような、読む順序を示すガイドがあれば困らないですんだでしょう。

情報A、B、Cの三個があったとします。この場合、互いに独立して無関係な場合と、逆に密接に関連している場合があります。

ここで問題となるのは後者の場合、つまりお互いに相互依存関係があり、情報受信に

3-41 パソコンの梱包を開いたら……

× 違反例

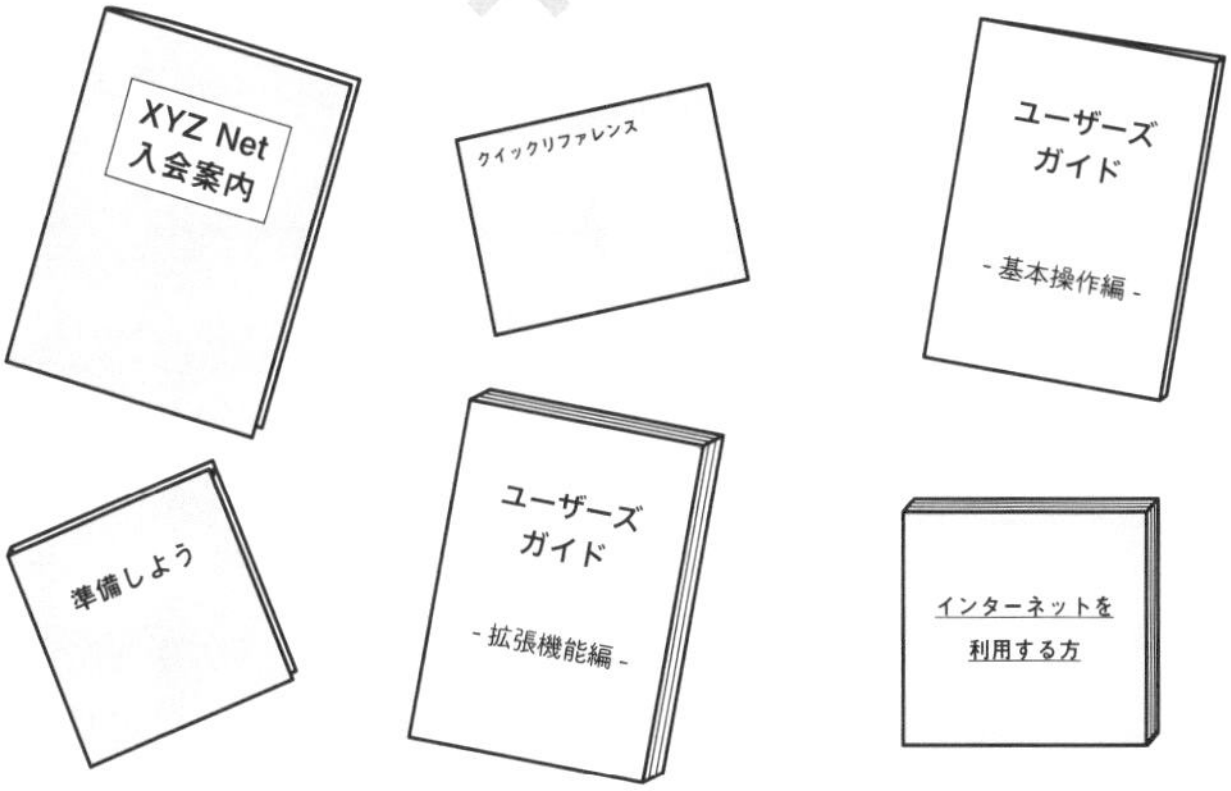

○ 改善例

最初にお読みください

梱包内に入っている6冊の解説書は
下記の順番でお読みください。

■すべての方がお読みください。

1.『準備しよう』
2.『ユーザーズガイド・基本操作編』
3.『ユーザーズガイド・拡張機能編』

■必要な時だけお読みください。

－『クイックリファレンス』
－『インターネットを利用する方』
－『XYZNet入会案内』

際してある順序を守らなければならない場合です。たとえばCの情報の前提知識がBで、そのBの前提知識がAである、というような場合です。

このとき、受け手が情報を、たとえばC↓B↓Aのような順序で受信したら混乱します。

にもかかわらず、**相互依存関係がある複数の情報を、受信順序の明示なしに発信しているケースがよくあります。**

たとえば病院の受付、役所、銀行など、多くの場所で、壁などに様々な掲示文が貼られています。この種の貼り紙は、たいていの場合、情報の送り手が思いついた順に、好き勝手な場所に貼られます。したがって、バラバラに貼られた複数の情報を、受け手がどのような順序で読むかは、まったく偶然性にゆだねられています。

ところが、もしもある「お知らせ」が別の「お知らせ」の前提知識となっていたらどうでしょう。情報受信順序を知らされていない受け手を迷わせてしまうのです。

▼順路のないテーマパークになっていないか

この現象は、テーマパーク内で、順序を示さず、入場者を迷わせているようなものです。テーマパーク、展覧会などの各展示物、各アトラクションで、『恐竜の一生』とか『地球の歴史』とか、時間的順序を追う必要のある展示などでは、順路を示す必要が出てきます。

その必要がある展示会場で、順路が示されないということはまず考えられません。しかし、他の場所では順路を明示しない「分かりにくい表現」はよく見かけます。

このように、情報受信順序の提示も「分かりやすい表現」の秘訣になります。

ルール⑮

情報の受信順序を明示せよ。

犯人16 直訳

翻訳にありがちな「目的」と「手段」の取り違え

外国語の翻訳には独特の問題があります。

出版社の方にうかがったところでは、読者から「直訳調で読みにくい」という感想を寄せられることもあるそうです。

そもそも翻訳とはなんでしょうか。

翻訳とは一つの国語を別の国語に変換する作業ではありません。**翻訳とは、ある言語グループから、別の言語グループへ、意味を伝える作業なのです。**したがって翻訳が伝えるものは、言語ではなく意味です。言語はあくまでも手段で、意味の伝達が目的なのです。

分かりにくい翻訳は、たいていの場合、この手段と目的の関係が本末転倒していることが原因です。意味を伝えるのではなく、言語を（変換して）伝える作業だけで終わっているのです。

翻訳作業は、次の二ステップになります。

ステップ1　原文の「意味」を理解する。
ステップ2　その「意味」を表す日本語を書く。

ステップ1をうまく処理できれば、その意味を表すために、もっともふさわしい、自然でこなれた日本語を選ぶことができます。

ところが、この作業をうまく処理できなかった場合、すなわち原文が言わんとする意味を理解できなかった場合、その意味を伝える日本語を正しく選ぶことなどできません。

He was taller than any other boy in his class. という英文を **「彼は、彼のクラスの中で、他のどの少年よりも背が高かった」** と訳す必要はさらさらありません。原文の意味を正しく理解すれば **「ジェームスはクラス一の大男だった」** というほうがふさわしいかもしれないのです。

私たちは、他人にある意味を伝えたいとき、ことばによってその意味を指し示します。同様に、他人にあるものを見てもらいたい場合、そのものを指差します。ことばは指先で、意味は、その先にあるものということになります。

翻訳によってあるもの（原文の意味）を指差そうとしても、本当は何を指差すべきか分かっていなかったら、その指先の格好は似ていても、他人には「分かりにくい」ことになります。

直訳というのはまさにこれで、指先の格好（言語）は分かっても、それが何を指差しているのか（意味）は、分かるわけがありません。

先の例文では、直訳ではおかしいと、誰でも感じるでしょう。ところが技術書などでは、このような「指先の形」をまねただけの翻訳が、まだまだ多いようです。

社会的な認識不足

とはいえ、「分かりにくい」翻訳の責任が、すべて翻訳者にあるというわけではありません。社会、組織、会社などが、翻訳という作業を甘く見ていることに、根本原因がある場合も少なくありません。

つまり社会背景に、翻訳とは言語変換作業で「語学のプロなら誰でも翻訳作業はできる」という誤解があるのです。

翻訳作業は語学力だけでは足りません。英米人と英語で意思疎通するのにまったく不自由のないほどの英語力があっても、たとえば「皮膚科の新しいレーザー治療法の理論」が簡単には翻訳できないことを考えればすぐに分かるでしょう。翻訳に必要なのは語学力だけではなく「原文の意味するところを十分に理解する」というプロセスが不可欠なわけです。

ところが企業の翻訳部門などでは、依頼者側、あるいは翻訳者の上司などが、このプロセスに対する認識が希薄なことが多いのです。したがって、翻訳作業のスケジュール作成段階で、意味を十分理解するための時間を確保しません。その結果、分かりにくい訳文になり、ときには、やり直しになってしまい、かえって時間がかかってしまうような事態となるのです。

この場合、翻訳者はむしろ犠牲者で、真犯人は翻訳を甘く見ている周囲だといえるでしょう。

英文和訳の例で言えば、一流の翻訳者に求められる資質は、次の三つです。

①　原文を理解するための英語力
②　取り扱われているテーマを理解できる専門知識
③　自然な日本語を書ける日本語力

これだけ見ても、いかに翻訳というものが至難の業であることかが理解できるでしょう。その資質のない者に翻訳させたり、翻訳の各作業プロセスに十分な時間を取らなかったりすることが、「分かりにくい」迷訳の真犯人なのです。

分かりにくい翻訳を追放するいちばん大切なルールはこれです。

ルール⑯

翻訳はことばではなく意味を訳せ。

ルール違反のオンパレード

以上、日常生活でよく見かける「分かりにくい表現」の主犯を見つけだし、そこから「分かりやすい表現」を実現するための一般的ルールを作ってきました。「分かりにくい」表現は、必ずこの一六のルールのどれかに違反しています。それも、たった一つの違反

3-42　首都高速道路江戸橋入口の惨状

× 違反例

『間違いだらけの交通標識』
おおばのぼる（毎日新聞社）より

ということはほとんどありません。

例３－42は、東京の首都高速道路江戸橋料金所（中央区）の入口です。このたくさんの標識を設置した人は、どんなルール違反をしているのか、検証してみましょう。

まず基本的な「おもてなしの心」に欠けています（ルール１違反）。これらの標識は、ドライバーのためというより、何かのクレームがついたとき「分からないのはお前がわるい。ちゃんとここに書いてあるじゃないか」と反論するためです。自己保身目的のディスクレーマーに過ぎません。

つぎに、これらの標識を見る人、すなわち「情報の受け手」のプロフィールを考えてみましょう。当然、車を運転していて、そのまま通り抜けていく人です。そんな状況で見ることを想定して、これらの標識が設置されているとは信じられません（ルール2違反）。

また、これだけたくさんの標識を一度に見て、理解できるでしょうか（ルール7違反）。

そもそも、これだけの情報がすべて必要なのでしょうか（ルール8違反）。

そして、そのどれもが、みな同じような重要度なのでしょうか（ルール10違反）。

上方から右下へ、無秩序に掲げていて、視覚特性の配慮は見られません（ルール13違反）。

相互の関係を整理したり、自然に読むべき順序が分かるように工夫したりは一切していません（ルール11・12・15違反）。

これはまれで極端な例をあげたように思われるかもしれません。しかし、首都高速というメジャーな場所ですから、我が国の「分かりやすい表現」に関するレベルの指標ととられてもしかたのない場所です。それだけの工夫と慎重さが必要ではないでしょうか。

第4章

「分かりやすい表現」のルールブック

チェックポイントつき

分かりやすく表現する義務がある

この章では、第3章の犯人捜しを通して見えてきた「分かりやすい表現」のための一六ルールを、チェックリストとしてまとめました。

さらに、あなたが発信したい情報が各ルールを守っているかどうか、実際に点検できるよう、ルールごとのチェックポイントも書き加えました。

あなたが発信したい情報とは、新商品のパンフレットかもしれません。あるいはセミナーの案内書かもしれません。または新型・全自動洗濯機の操作パネルかもしれません。いや、そんな仕事がらみではなく、忘年会のお誘いや個人的なメールのやりとりなど、**何であっても、情報発信するなら、それを分かりやすく表現する義務があります。**

情報発信の前に、これまで述べてきた「分かりにくい表現」の主犯が紛れ込んでいないか、チェックポイントにそって、もう一度、点検してみましょう。

チェックポイントを活用する

この章のチェックポイントは、いろいろな種類の情報発信に対応させるため、特定の種類の情報発信に特化されていません。そのため、いくぶん具体性に欠けている点があります。この点は、あなたが発信したい情報に合わせて具体的に読み替えることで補ってください。

たとえばあなたが、三ヵ月後に発売される新製品のタブレット端末を開発してきたエンジニアの一人だとしましょう。発売に先立ち、来月上旬に開催される展示会で、その新しいタブレットの特長を「分かりやすく」説明せよと命じられました。

そのフェアには、例年、業界通の雑誌記者なども大勢つめかけます。もし、その種のマスコミを含む来場者に新製品の魅力を十分にアピールできなければ、売れ行きに響くことは必至です。

競争相手メーカーのタブレットに市場シェアを逆転されてから二年以上が経ち、今度がシェア奪回の最後のチャンスといわれています。しかし、社内では、「従来のタブレットとどこがどう優れているのかが分かりにくい」と噂《うわさ》されています。来月のフェアでの説明会が失敗すれば、この新製品開発のために流してきたあなたの血と汗がムダになってしまうかもしれません。

エンジニアだからといって、製品開発という自分の本業だけに安住していることは、企業人として許されません。展示会での説明会で、新製品の特長を「分かりやすく」説明できるかどうかが、あなたの仕事の総仕上げということになってしまったのです。

説明会は三〇分という短いものです。それに合わせて「分かりやすい」シナリオやプレゼンテーション・パッケージを作らなければなりません。しかも来月上旬の展示会まであと三週間しかありません。

そんなときこそ、このルールとチェックポイントを活用してください。

以下、あなたの取るべき行動を考えてみましょう。

ルール1の「おもてなしの心を持て」のチェックポイントで、「受け手の立場、目線で発想しているか？」と問われて、あなたは内心ギクリとしました。

それまでは、自分がよく知っているそのタブレットの技術的革新点を中心に話そうと軽く考えていたからです。しかし、説明会に来るのは技術者だけとは限りません。

相手に合わせて説明しなければ「おもてなしの心」も何もあったものではありません。

そこで技術的背景よりも、それがタブレットを使う人にとって、実際にどんなメリットがあるのかを中心テーマにしようと考えなおしました。

ルール2に「受け手のプロフィールを設定せよ」とあります。

来場者が技術者ばかりではないという単純なことにも気づかなかったあなたでした。しかし、ルール2のチェックポイントの一つ「受け手のプロフィールを思い浮かべたか？年齢層は？　性別は？」とたずねられて「そうか、どういう層が説明会に来るんだろう？」と最初に考えなければならないことに、やっと注意が向きました。

そこで、フェア主催担当のマーケティング部門に問い合わせ、過去三年間の来場者プロフィールの統計を入手しました。ところがせっかく入手した統計ですが、様々な層の人が来ていることが分かっただけでした。

しかし、チェックポイントの一つ「フールプルーフになっているか？」を見て「そうか、いちばん前提知識が少ない層を想定すれば、より多くの人に分かりやすくなる」という単純な原理に気づきました。

こうして、説明会をどのように構成していけばよいか、あなたにも少しずつイメージがわいてきました。

チェックポイントで「分かった」改善点

さて次は、あなたがさきほどのエンジニアと同じ会社のマーケティング部門に、去年配属されたばかりの新人女性社員だとしましょう。

補助的な仕事ばかりをさせられていたあなたは、少々うんざり気味な毎日を送っていました。ところが、ある先輩社員の思いがけない退社により、さきほど出てきた、年に一度の自社製品展示会の総合パンフレット作成を命じられてしまいました。

不満の多い日々を送っていたはずでしたが、いざ責任ある仕事を与えられると、急に「私のような新人にはできない」と尻込みしたくなるような気持ちでした。

課長の話では、例年「パンフレットが分かりにくかった」とか「パンフレットの説明と展示会の内容が違っていた」など、パンフレットの評判があまりよくなかったとのことでした。

あなたは、ますます責任重大だと気が重くなってしまいました。それでも気をとりなおし、「すべてを一から作るわけじゃないし、古いパンフレットの悪い点を改善するだけでいいんだから、それほど大した仕事じゃないわ」と冷静に考えることができました。

そう思って古いパンフレットを見てみると、新人の自分にも不満だらけのパンフレットだと感じました。そこで「分かりやすい」のルールとチェックポイントで、どうすればよいのかを考えることにしました。

まず、一ページめから字が小さいのが気になりました。そのうえ、展示会の開催日がいつなのか、場所がどこなのかを探してみるのですが、なかなかみつかりません。結局、一ページめには書かれていないことが分かりました。

ここで、あなたは早くも、ルール5、中でもそのチェックポイントの「最初に概要説明をしているか？」に違反していると納得しました。

また、例年、展示会は三日間開催されるのですが、その間に会場で催される大小様々なイベントの説明の順序がバラバラでした。そのため、どの日のどのイベントを見に行こうかを決めたいお客様は、あっちのページをめくったり、こっちのページに戻ったりしなくてはなりませんでした。日程全体を概観するためには、非常に不親切なパンフレットだったのです。

あなたは、すぐに、これは、ルール14「自然発想に逆らうな」やルール15「情報の受信順序を明示せよ」に違反していると気づきました。

チェックポイントで広がる世界

さらに「HTMLベースの」とか「クロス・プラットフォームで利用可能」とか、いろいろ知らない用語であふれていることも不満でした。

最初、用語を知らないのは、新人である自分の不勉強のせいだと考えていました。しかし、ルール2のチェックポイントで「受け手は素人か、初級者か、中級者か?」や「受け手に分からない特殊用語、専門用語を使っていないか?」と問われて、ハッと気づきました。

これは自社社員向けのパンフレットではなく「お客様」向けのパンフレットなんだわ。お客様の中には、私のような技術音痴の方も大勢いるはず、と。

業界通のお客様だけを相手にするのではなく、去年までの自分に近い大学生、あるいは、高校生、お年寄り、主婦など、誰が読んでも分かるようなパンフレットにしよう、と方針が固まっていきました。この方針は、「企業ユーザーから個人ユーザーへ」という自社の新しい営業戦略とも一致しています。

そうこうしているうちに、新人の自分には荷が重すぎると思っていた仕事でしたが、

「分かりやすい」パンフレットを作るためには、かえって業界のことをまだよく知らない自分の方が適任だ、と自信もわいてきました。

あとで分かったことですが、そこまで見抜いた課長の人選だったようです。

チェックポイントに照らし合わせてみると、古いパンフレットには、他にも気に入らない点がたくさんありました。

まず、文字がゴチャゴチャしているため、物事の境界線が不明確で、ある説明がその右側のものに対する説明なのか、左側のものに対する説明なのかが紛らわしいのです。ルール6「複数解釈を許すな」のチェックポイント「どこに属すか、不明確なものはないか？」の違反です。

これはまた、パンフレット作成者が「グループ分け作業」で手を抜いて、パンフレットを見る受け手に押しつけているんだな、と気づきました。

これは、ルール1のチェックポイント「受け手を楽にする『情報の事前整理』をやっているか？」やルール3のチェックポイント「送り手がすましておくべき仕事（情報整理）を受け手に回していないか？」の違反だと気づきました。

これを改善するのは簡単だわ、ルール13のチェックポイント「枠でくくったほうが明確にならないか？」に従うだけでいいんだわ、と気が楽になりました。

「分かりやすい表現」の達人への道

チェックポイントによる古いパンフレットの点検作業を通じて、あなたは一つ意外なことに気づきました。「分かりやすく」するのは簡単で、当たり前なことをするだけでいいのね、と。

そこであなたは、もう少し積極的なことも考えました。ルール2のチェックポイント「設定した受け手と同じレベルの人に、事前チェックしてもらったか？」や、ルール6のチェックポイント「十分な人数にチェックしてもらったか？」にもチャレンジすることにしたのです。

通常は、できあがったパンフレット見本は、自分の部署や製品出展関連部門の社員によってチェックされるだけでした。しかしあなたは、以前パンフレットに苦情を言ってくださったお客様や、自分の家族の助けを借りて、高校生の妹の友達など、広く一般の人々にパンフレットの見本を見てもらうことにしたのです。そうした意見を参考に、さらに改善できると考えたからです。

どういうお客様にパンフレットの事前チェックを依頼すべきかを課長に相談したところ、仕事に対するあなたの意欲的な態度に、課長はすっかり感心しました。

このようにチェックポイントと照らし合わせることで、「分かりにくかった」パンフレットを改善するという仕事の方向性をつかむことができ、ますます自信がわいてきました。

そしてこうなると、今までの逃げ腰とは逆に、欲も出てきました。この仕事をキッチリこなせれば、これまで補助的な仕事で目立たなかった自分の存在を、社内でアピールできるいいチャンスだわ、と。

こうしてあなたは、「分かりやすいパンフレット」作りが順調に進んだだけでなく、自分自身の評価も高めることができたのです。

さて、こんな話はあまりにもできすぎていると感じるかもしれません。しかし実際にはこの逆のケース、つまり「分かりにくい」情報発信をしてしまう例がとても多いことは、第1章で見たとおりです。

このチェックポイントを活用することで、あなたが「分かりやすい表現」の達人になっていただければ幸いです。

ルール 01　おもてなしの心を持て。

「親切心」「おもてなしの心」が「分かりやすい」の真髄です。大事なお客様をもてなすような心遣いで、できるだけ情報を整理し、情報の受け手の負担を軽減してあげましょう。

Check list

- □ 受け手をお客様と考えているか？
- □ 受け手の立場、目線で発想しているか？
- □ 受け手に対して低姿勢か？
- □ 受け手を楽にする「情報の事前整理」をやっているか？
- □ 情報をもっと整理する余地を残していないか？
- □ 表にできないか？
- □ 図解できないか？
- □ フールプルーフ（66ページ参照）になっているか？
- □ 受け手が支払う代金に見合うサービスをしているか？
- □「分からないのはお前が悪い。ちゃんと書いてあるじゃないか」と思っていないか？

ルール
02

「受け手」のプロフィールを設定せよ。

情報発信に際して最初にしなければならないのが、「受け手はどんな人か、どんな前提知識を持っているか」の設定です。これを無視したり見誤ると、「分かりにくい」情報発信になります。

Check list

- □ 受け手のプロフィールを思い浮かべたか？　年齢層は？　性別は？
- □ 受け手は素人か、初級者か、中級者か？
- □ あなたが省略している大前提を受け手は知っているか？
- □ あなたにとっての常識の説明を省いていないか？
- □ 受け手に分からない特殊用語、専門用語を使っていないか？
- □ 受け手が何を理解しづらいのか考えてみたか？
- □ いきなり、そんな詳細な説明から入って大丈夫か？
- □ それは、あなたの職場（集団）だけで通じる説明ではないか？
- □ フールプルーフになっているか？
- □ 設定した受け手と同じレベルの人に、事前チェックしてもらったか？

ルール 03 「受け手」の熱意を見極めよ。

　あなたの発信する情報に対する受け手の関心の程度は重要です。これを読み違え、実際以上に受け手に関心があると思い込んで発信すると、「分かりにくい」ことになります。

Check list

- □ 受け手はわがまま、気まぐれなお客様だという前提を忘れていないか？
- □ 受け手があなたの主張に強い興味を持つと思い込んでいないか？
- □ 受け手が、あなたの情報を理解しようと自ら努力してくれると思い込んでいないか？
- □ 受け手がそんな細かい所まで、辛抱強く読むと思うか？
- □ 受け手の中途放棄の強権を忘れていないか？
- □ 受け手が逃げ出さないよう工夫しているか？
- □ 送り手がすましておくべき仕事（情報整理）を受け手に押しつけていないか？
- □ 時間が長すぎないか？　休憩が必要ではないか？
- □ 量が多すぎないか？　別の章に回した方がよくないか？
- □ フールプルーフの原則を守っているか。

ルール04 大前提の説明を忘れるな。

送り手にとってあまりにも当たり前すぎることは、受け手に説明するのを忘れてしまうことがあります。受け手のプロフィールが設定できたら、その人たちが持っている基礎的な知識（大前提）の程度にあわせて、説明する範囲を決めるのです。たとえば家電製品の使用説明書では、「電源コードをコンセントに差し込んでください」と書くなどです。

Check list

- □ 自分が分かりすぎている人であることを自覚しているか？
- □ 初心者の発想を忘れていないか？
- □ あなたが発信する情報の前提となる知識は何かをチェックしたか？
- □ 当然すぎて説明していない前提が、受け手の基礎知識にあるかどうかを確かめたか？
- □ これは説明を省けると思っている前提は、本当に説明しなくて大丈夫か？
- □ 受け手の持っている大前提以上のことは、きちんと説明しているか？
- □ そもそも「これから何を説明するか」を説明しているか？
- □ それは、仲間うちだけで通用することばではないか？

ルール05　まず全体地図を与え、その後、適宜、現在地を確認させよ。

受け手が常に「全体地図」と「現在地」をつかんでいないと、あふれる情報のなかで迷子になります。これらをつかみやすくすることが「分かりやすい」情報発信のコツの一つです。全体地図は「概要」、現在地は「詳細」と言い換えることもできます。

Check list

- □ 最初に「概要説明」をしているか？
- □ テーマごとのグループ分けは適切か？
- □ 受け手は、全体の流れを理解しているか？
- □ その説明で、受け手は、そもそも何を説明されているのか分かるのか？
- □ 各テーマに入る冒頭で、その都度、主題、概要を説明しているか？
- □ 説明の途中で、適宜、受け手に現在地を確認させているか？
- □ 説明が必要な大前提は、きちんと説明しているか？
- □「概要➡詳細」の順序を守っているか？
- □ 適切な単位ごとに、表題、見出しなどをつけているか？

ルール
06

複数解釈を許すな。

ある意味ではこれがいちばん守りにくいルールです。あなたが思い込んでいる解釈とは異なる解釈を、自分自身で発見することには限界があります。最後の決め手は、月並みな方法ですが、他人の目によるチェックでしょう。表現者は自身の表現の評価者にはなれないのです。

Check list

- □ それは自分だけの思い込みではないか、再チェックしたか？
- □ すべて明確にグループ分けしてあるか？
- □ どこに属すか、不明確なものはないか？
- □ 意味があいまいなものは含まれていないか？
- □ その代名詞が何を指しているのか明確か？
- □ その形容詞（または副詞）がどの語を修飾しているのか明らかか？
- □ 枠や色でグループ分けできないか？
- □ 第三者に最終チェックしてもらったか？
- □ 十分な人数にチェックしてもらったか？

ルール 07　情報のサイズ制限を守れ。

一区切りの情報サイズが大きすぎたり、伝達速度が速すぎると、「分かりにくい」ことになります。そして、情報伝達のサイズや速度の決定権は、送り手にあるのではなく、あくまでも情報の受け手にあることを忘れないでください。

Check list

- □ 速すぎないか？
- □ 一区切りが長すぎないか？
- □ 一視野当たりの選択肢の数が多すぎないか？
- □ 不必要な情報で上げ底していないか？
- □ 受け手にすべて理解してもらう必要があるのか？
- □ そんなに長い時間、受け手が集中できるのか？
- □ そんな短時間で、受け手が全部受信できるのか？
- □ 受け手が理解できるだけの時間があるのか？
- □ 短時間で理解できるように、もっと噛み砕いた表現にできないか？

ルール 08 欲張るな。場合によっては詳細を捨てよ。

一区切りの情報サイズや伝達速度が適正でも、情報の総量を欲張ると、やはり分かりにくくなります。優先順位が見えなくなって全体の印象が弱まり、その結果、本当に伝えることができる情報量が、逆に少なくなるからです。時には思い切って詳細を捨てる（隠す）ことも必要です。

Check list

- □ 情報の総量が多すぎないか？
- □ それ全部が本当に必要なのか？
- □ どれをいちばん伝えたいのか？
- □ なくてもよい情報が混じっていないか？
- □ もっと絞り込めないか？
- □ 受け手は、一度にそれ全部を理解できるのか？
- □ 詳細は別の機会、別の回、別のページに回せないか？
- □ 基本機能と詳細機能が、一度に両方とも受け手に見えてしまっていないか？
- □ 上級者向けの補足機能は、見たい人だけに見えるようにできないか？

ルール 09　具体的な情報を示せ。

「動物が好き」より「犬が好き」がより具体的です。「犬が好き」より「シェパードが好き」がさらに具体的です。つまり概念上の「分類名」「グループ名」だけで語らず、なるべく構成要素も受け手に伝えることが大切です。

Check list

- □ 概念の説明だけに終始していないか？
- □ 豊富な実例、具体例をあげているか？
- □ それは実物に即しているか？
- □ もっと身近なケースで説明できないか？
- □ それは実際にはどうなるのか？
- □ その範囲は明確か？
- □ どういう場合が該当するか明確か？
- □ 数値で示せないか？
- □ 実際の日時や場所を示せないか？

ルール 10 情報に優先順位をつけよ。

情報を伝えるためのリソース、すなわち資源には「時間」「紙面のスペース」「文字サイズ」などがあります。こうした資源は、情報の重要度に応じて使いましょう。ＶＩＰにはＶＩＰ待遇を与えましょう。情報伝達に関する限り「すべて公平に」は悪平等です。

Check list

- □ 何をいちばん伝えたいのか、自分自身が理解しているか？
- □ どれが概要で、どれが詳細なのか？
- □ どれが主題で、どれが補足なのか？
- □ 最重要情報をＶＩＰ待遇（文字の大きさ等）しているか？
- □ 重要な情報ほど目立つように工夫したか？
- □ 差異率を無視していないか？
- □ 枝葉末節な情報にスペースを取りすぎていないか？
- □ 重要でない情報は、思い切って省略できないか？
- □ 重要でない情報は、別な場所へ持っていけないか？

ルール 11　情報を共通項でくくれ。

数学的に言えば因数分解するということ。ab＋ac＝a（b＋c）の左辺ではaが二回登場しますが、右辺では一回ですんでいます。このように、同じことを表現するのにも、できるだけ文字数、語数を減らせば、スッキリと分かりやすくなります。

とくに説明がくどく感じたら、共通項をくくってみる必要があります。これも情報のリソース消費を少なくして、「分かりやすい表現」につながります。

Check list

- □ 説明がくどくないか？
- □ 同じことの繰り返しは、一回ですますことはできないか？
- □ 同じ説明を繰り返さず、グループ分けできないか？
- □ 共通項でくくれないか？
- □ 極限まで情報構造の単純化ができているか？
- □ もっと少ない語数で表現できないか？
- □ もっと簡単に言えないか？

ルール12 項目の相互関係を明示せよ。

項目どうしが対等なのか、親子関係にあるのかを明らかにすることは、情報構造を明確に示す有力な手法の一つです。要は大項目、中項目、小項目をきちんと区別し、まぎらわしくないように表現することです。

Check list

- □ 情報の構造を十分吟味、検討したか？
- □ まず大項目でグループ分けされているか？
- □ どれが表題かが明確か？
- □ 大項目、中項目、小項目が明確に区分けされているか？
- □ 項目の並列関係と親子関係が混同されていないか？
- □ 明確な「場合分け」がなされているか？
- □ 次元の違う事柄が同列に表現されていないか？
- □ どれがどの項目に属しているかが明確か？
- □ 所属不明な項目はないか？

ルール13　視覚特性（見やすさ）を重視せよ。

「見やすさ」とは「見分けやすさ」で、グループを見分けやすくすればよいのです。グループ分けを目立たせる鍵は境界線で、手段は、枠、色、書体、大きさ、表示位置などいろいろです。

Check list

- □ 大項目、中項目、小項目の関係がひとめで分かるか？
- □ 色で分けたほうが明確にならないか？
- □ 文字の大きさを変えたほうが明確ではないか？
- □ 箇条書きにしたほうが明確ではないか？
- □ 図解したほうが分かりやすくならないか？
- □ 枠でくくったほうが明確にならないか？
- □「魔の中間危険地帯」（156ページ参照）に表示していないか？
- □ それは、どっちに属しているのか？
- □ 字下げしたほうが明確にならないか？
- □ 選択肢の数が多すぎないか？

ルール 14　自然発想に逆らうな。

人は誰でも、生活体験の中で蓄積した知識を二次記憶域にたくさん持っています。それをもとに「こういう場合は、こうなる」という無意識の予測、予感にしたがって判断し行動しているのです。この自然な予感を裏切る情報は、受け手を混乱させ「分かりにくい」ことになります。

Check list

- □ 定義した受け手のプロフィールを思い浮かべたか？
- □ 受け手が何を当然と思うかを検討したか？
- □ できるだけ多くの人が発想することにもとづいているか？
- □ 実物の位置関係と対応させているか？
- □ 時間の流れと一致させているか？
- □ それはあなたの属する集団だけの習慣ではないか？
- □ 重要な事柄から順に説明しているか？
- □ それは日本固有の習慣ではないか？　世界共通か？
- □ 受け手の風俗、習慣に一致しているか？

ルール15　情報の受信順序を明示せよ。

　壁などに貼り出されるバラバラの掲示文、また機械などに付いてくる何冊にも分かれた説明書など、相互関係が明らかでないために、分かりにくい場合があります。インターネットのサイトの構造でも、情報受信順序が示されないために「分かりにくい」場合があります。ある情報が別の情報の前提知識となっている場合、情報の受信順序を明確に示す必要があります。

Check list

- □ 単に、あなたが思いついた順番に情報を羅列していないか？
- □ あなたの期待通りの順番で受け手が読んでくれる保証があるのか？
- □ 全体の流れ（情報受信順序）を把握できているのは、あなただけではないのか？
- □ それぞれの情報間に相互依存関係はないのか？
- □ それを伝える前に、前提となる情報を与えているか？
- □ どれを先に読むべきかの順番を受け手が理解しているか？
- □ 見てほしい順序があるのなら、それを受け手に伝えているか？

ルール16 翻訳はことばではなく意味を訳せ。

翻訳は語学力だけあってもできません。語学力に、内容の理解力、日本語の表現力の三拍子が揃って初めて「分かりやすい」翻訳文になるのです。

Check list

- □「言葉」ではなく、「意味」を訳しているか？
- □ 原文の内容を理解するための時間を確保しているか？
- □ 原文の書き手に内容の確認を十分行ったか？
- □ 原文の意味を完全に理解しているか？
- □ 原文の文構造に囚われていないか？
- □ 原文と一対一の訳にしなければならないと思っていないか？
- □ もっと自然な日本語で言えないか？
- □ 同じ意味をもっと別な表現で短く言えないか？
- □ 文脈から分かる部分は省略できないか？
- □ 意味不明なので、原文にはない説明文を加えるべきではないか？

参考文献

『人間の情報処理』（人文社会叢書3）D．E．ルーメルハート著　御領謙訳　サイエンス社　一九七九年
『認知心理学を知る』市川伸一・伊東裕司編著　ブレーン出版　一九八七年
『認知心理学』（現代心理学入門1）守一雄著　岩波書店　一九九五年
『超常現象をなぜ信じるのか』菊池聡著　講談社ブルーバックス　一九九八年
『間違いだらけの交通標識』おおばのぼる著　毎日新聞社　一九九八年
『誰のためのデザイン？』D．A．ノーマン著　野口久雄訳　新曜社　一九九〇年

本書は1999年に講談社より刊行された『「分かりやすい表現」の
技術―意図を正しく伝えるための16のルール』を再編集したものです。
書籍内で紹介している看板や標識などの中には
すでに改善されているものもありますが、「分かりやすい表現」について
考える趣旨にかんがみて有用なものは、発刊当時の表現のまま掲載しています。
悪しからずご了承ください。

著者紹介
藤沢晃治（ふじさわ こうじ）
慶應義塾大学卒業。管理工学を専攻し、卒論では、AI（人工知能）をテーマとしてチェスを指すプログラムを作成。大手メーカーでも専攻を活かして、ソフトウェア・エンジニアとして勤務。『「分かりやすい説明」の技術』、『「分かりやすい文章」の技術』、『「分かりやすい表現」の技術』の3部作のベストセラーなど、講談社・ブルーバックスのシリーズが合計65万部を超える。2005年に退職後、数多くの企業向けの研修で活躍中。「分かりやすく伝える技術」をテーマに、日本テレビ系の教育バラエティ番組『世界一受けたい授業』にも講師として出演。TOEIC900点、英検1級、工業英検1級、通訳ガイド資格（英語）なども持つ。3部作のほかに『頭のいい段取り・すぐできるコツ』（三笠書房）、『日本人が英語をモノにする一番確実な勉強法』（三笠書房）、『判断力を強くする』（講談社）など著書多数。
講演、研修ご依頼は　https://www.fkohji.com/

新装版
「分かりやすい表現」の技術
意図を正しく伝えるための16のルール

2020年1月21日　第1刷発行
2022年7月25日　第4刷発行

著　者　　藤沢晃治
装　画　　大庫真理
装　丁　　稲永明日香
編　集　　臼杵秀之
発行者　　山本周嗣
発行所　　株式会社文響社
〒105-0001　東京都港区虎ノ門2-2-5 共同通信会館 9F
ホームページ：http://bunkyosha.com
お問い合わせ：info@bunkyosha.com
印刷・製本　　中央精版印刷株式会社

　ISBNコード：978-4-86651-184-9　Printed in Japan
この本に関するご意見・ご感想をお寄せいただく場合は、郵送またはメール（info@bunkyosha.com）にてお送りください。